novum pro

AF165621

MARKUS BRAUWERS

# ICH WÄRE GERN EIN PHILOSOPH

novum pro

www.novumverlag.com

Bibliografische Information
der Deutschen Nationalbibliothek:

Die Deutsche Nationalbibliothek
verzeichnet diese Publikation in
der Deutschen Nationalbibliografie.
Detaillierte bibliografische Daten
sind im Internet über
http://www.d-nb.de abrufbar.

Alle Rechte der Verbreitung,
auch durch Film, Funk und Fernsehen,
fotomechanische Wiedergabe,
Tonträger, elektronische Datenträger
und auszugsweisen Nachdruck,
sind vorbehalten.

© 2021 novum Verlag

ISBN 978-3-99107-428-1
Lektorat: Anna Paul,
Lucas Drebenstedt
Umschlagfoto:
Alan Stuart | Dreamstime.com
Umschlaggestaltung, Layout & Satz:
novum Verlag

Gedruckt in der Europäischen Union
auf umweltfreundlichem, chlor- und
säurefrei gebleichtem Papier.

**www.novumverlag.com**

*Für Lennart und Erik*

# Ich wäre gern ein Philosoph

Ich wäre gern ein Philosoph, und zwar einer, der nichts weiß, aber trotzdem alles im großen Zusammenhang beurteilen kann. Ein bekannter deutscher „Weltanschauer" hat mal auf die Frage, was ein solcher u. a. können bzw. wissen muss, sinngemäß geantwortet, er sollte die Gedanken bzw. Anregungen der berühmtesten Philosophen auf dem Schirm und verstanden haben. Okay, dann wäre ich tatsächlich raus. Ich hatte gehofft, nur mit meinen eigenen, nicht von anderen Vordenkern beeinflussten Überlegungen eine für mich schlüssige und vertretbare Moral ersinnen sowie verbreiten zu dürfen. Wenn diese einfache Moral dann trotz ausdrücklicher Unkenntnis in den einzelnen Wissensbereichen andere zumindest in ihrer Anschauungskraft anregen würde, wäre meine Erwartungshaltung an die Wirkung des von mir Verfassten schon übertroffen. Was ist Moral, und warum glaube ich, mich darüber auslassen zu dürfen? Spätestens am Ende dieses Buches sollten Sie die Antworten bekommen haben. Eine Entgegnung auf die Frage, weshalb dieses Druckerzeugnis in der Ich – Form geschrieben wurde, gebe ich Ihnen gerne schon jetzt: Da ich mich selbst als Beispiel u. a. für das Finden einfacher Gedanken sehe und nutze, ließ sich das lyrische Ich nicht vermeiden. Dass ich ab und an auch von „wir" spreche, sehen Sie mir bitte nach. Albert Einstein soll einmal gesagt haben: „Fantasie ist wichtiger als Wissen, denn Wissen ist begrenzt." Ich hoffe, studierte Philosophen werden es mir verzeihen: Ich habe genug Erfindungsreichtum, mir auszumalen, was die Menschheit in Zukunft unter Berücksichtigung des bereits Geschehenen noch so fabrizieren könnte, besser aber nicht sollte. Bin ich jetzt ein Vordenker? Wenn ich zu dumm bin, Probleme zu lösen, aber klug genug, um sie zu erkennen, was mache ich dann? Ignoriere ich sie oder spreche ich sie an? Sollte ich nicht versuchen, durch die

Auseinandersetzung mit Andersdenkenden den Antworten zumindest nahe zu kommen? Der Spruch „Hätte ich nix geschrieben, wäre ich an meinem Schweigen erstickt" hat mich zusätzlich motiviert, meine Eindrücke niederzuschreiben. Ich gehe es also in einer gewissen Anmaßung, entgegen der Auffassung anerkannter und bedeutender „Weltbeobachter", und in der Angst umzukommen, einfach mal an.

Einen Wissensbereich eingängig und genügsam zu behandeln, kann doch eigentlich nicht so schwer sein; so klar wie logisch. Aber wie genau geht man ein in der öffentlichen Wahrnehmung komplexes Thema in schmuckloser Primitivität an? Ich denke, man sollte es auf den Ursprung, das Wesentliche und die Langzeitwirkung herunterbrechen. Der Mensch neigt dazu, Sachverhalte bewusst übertrieben und unnötig kompliziert darzustellen. Entweder wollen wir den eigentlichen Kern aus Angst nicht mehr wahrnehmen, oder ihn sogar z. B. aus Profitgier verleugnen. Ertappen wir uns nicht laufend dabei, wie wir Urteile zu einzelnen, das tägliche Leben betreffenden Angelegenheiten fällen, obwohl wir nicht abschließend jedes Detail überprüft und verstanden haben? Das führt sehr häufig zu Fehleinschätzungen, die wir uns hinterher teilweise noch nicht mal eingestehen. Demgegenüber ist es meines Erachtens für jeden einzelnen erwachsenen Erdenbürger möglich, das große Ganze zu erfassen. Wir alle haben Erfahrungen gemacht, sei es mit anderen oder mit uns selbst, aus denen wir hoffentlich gelernt haben. Die Erkenntnisse zu einem Gesamtbild zusammenzufügen, ist auch von Wert, wenn zwischendurch mal einzelne Missinterpretationen vorgenommen werden. Bestünde die Erdbevölkerung aus einer Million Homo sapiens, gäbe es eine Million Einzelinteressen. Bei schon fast 8 Milliarden dementsprechend ein paar mehr. Wenn wir nicht versuchen, diese persönlichen Belange zumindest zeitweise beiseite zu schieben, wird die Welt in ihrer Gänze – entschuldigen Sie die drastische Ausdrucksweise – versumpfen. Voraussetzung für den Stopp dieses drohenden Szenarios ist zuerst, dass wir unser Handeln in Relation zum eigentlich Sinnvollen setzen und uns dadurch dann unwiderruflich bewusst machen, dass ein Weiter so ausgeschlossen ist. Das kann mitunter schmerzlich sein, aber schlussendlich wird es befreiend wirken und Aufbruchstimmung erzeugen.

Die Auswahl der beispielhaften Themen ist willkürlich. Ich habe sie nur nach der Bedeutung für mich bzw. meinem persönlichen Interesse ausgesucht. Dieses Buch strotzt, wie oben schon erwähnt, in keinster Weise vor Wissen. Im Gegenteil, es könnte banal, unausgegoren und zu kurz gedacht erscheinen. Und ja, unbedarft erscheinende Wahrheiten können auch gefährlich sein. Dies sieht man u. a., wenn rechte oder sonstige politisch unhaltbare Propaganda unterfüttert mit Fake News an Frau/Mann gebracht werden soll. Hochrangige Verantwortliche, aber nicht nur die, leben oftmals nach dem Motto: „Man muss nicht alles glauben, was stimmt; man kann auch mal auf das vertrauen, was eventuell wahr sein könnte, oder was so angenehm zu glauben ist". Ich nehme für mich in Anspruch, ohne Lügen auszukommen, und keine billige Aufklärungskampagne zu betreiben. Die eingehende Beschäftigung mit simplen Thesen, die vom Ursprung gedacht wurden, ist hilfreich, wenn nicht sogar notwendig, um das Wesentliche nicht aus den Augen zu verlieren. In der Schlichtheit liegt die große Chance, Themen wieder fair und unbeeinflusst zu betrachten. Meine aus Ihrer Sicht vielleicht hanebüchenen Vereinfachungen, die natürlich auch Selbstverständliches beinhalten, können provozierend und teilweise lächerlich anmuten, aber genau daraus ergibt sich die Möglichkeit, Diskussionen über Machbares und unmöglich Erscheinendes anzuregen. Lassen wir doch mal alles links und rechts liegen und schauen nur in gerader Linie auf teils Welt bewegende, teils eher belanglose Angelegenheiten. In mir lebt die Hoffnung, Sie zu eigenen spartanischen Gedanken anstacheln zu können. Lassen Sie Ihren Überlegungen freien Lauf, vergessen Sie aber nicht, in der Simplizität liegt die Klarheit. Ist es nicht häufig so, dass wir die offensichtliche und im Grunde nicht zu verleugnende Moral bei einem Thema komplett über Bord werfen, weil wir nach eingehender Betrachtung der nur vorgeschoben kniffligen und eigentlich bedeutungslosen Begleitumstände auch ein anderes ethisch vielleicht noch so eben vertretbares, vor allem aber bequemeres Ergebnis sehen wollen? Ich könnte noch das Sprichwort „In der Kürze liegt die Würze" anführen, mache ich aber nicht. Ebenso könnte ich erwähnen, dass weniger oft mehr ist. Auch das erspare ich uns. „Kürze" und „weniger" könnten bei den von mir gerade geächteten Sinnsprüchen ebenso auf Detailwissen angewandt werden. Dieses muss nicht immer zwangsläufig zu einem besseren Weltverständnis führen. Natürlich werde ich der Einleitung und dem Sinn des Buches entsprechend versuchen, mich möglichst kurz zu fassen, bzw. auf Wesentliches zu beschränken. Wenn es nicht zu 100% gelingen sollte, wird dies letztlich nur bestätigen, dass selbst einfache Dinge manchmal einer ausführlicheren Erklärung bedürfen. Ich wünsche mir, dass Sie selbständig durch eine simple Philosophie ein klareres Bild über unser Universum erlangen.

Ich werde in diesem Buch oft den Konjunktiv nutzen und sehr viele Fragen aufwerfen, um dann immer zum jeweiligen Thema mindestens eine mit dezenter Leichtigkeit ersonnene und nur meiner Logik folgende Wahrheit zu liefern. Sie dürfen meine Wahrheit auch gerne als Antwort auf die jeweilige Frage auffassen, müssen Sie aber nicht. Schlichte Wahrheiten sind nicht stets für eine sofortige Umsetzung verwertbar, doch auf jeden Fall sind sie denkanregend, Grundlagen bildend und Moral unterstützend. In diesem Buch werde ich von mir selbst immer wieder darauf aufmerksam gemacht, wie oft ich es geschafft habe, nicht nach meiner unbedarften Logik zu leben. Ich werde Sie an meinem Versagen teilhaben lassen, um aufzuzeigen, wie wichtig unsere Selbstreflexion für den Fortbestand der Menschheit ist. Darf man sich moralisch predigend auslassen, wenn man auf sich bezogen reichlich Angriffsfläche bietet? Ja, man darf, nein, man muss, denn es wird niemanden auf diesem Planeten geben, der fehlerfrei durchs Leben marschiert. Wir alle müssen als Sünder und mit unserer unabänderlichen Widersprüchlichkeit das Bessere erkennen, ansprechen und aufschreiben – sowie gleichzeitig versuchen, Fehler einzugestehen und zu minimieren. Aus unserem nie endenden Kampf um Selbstfindung muss nicht zwangsläufig eine Selbstverleugnung oder gar -aufgabe resultieren. Schön ist es, sich nicht im Spiegel zu erschrecken, wenn man sich erkennt. Es ist erstaunlich, wie sehr wir in unserem Hier und Jetzt verhaftet sind, wie bereit wir sind, das eigentlich Falsche nicht nur zu tolerieren, sondern es unbeirrt immer weiterzuleben, obwohl uns klar sein muss, auf welch schmalem Grad wir wandern. Vielleicht kann man zweierlei festhalten: Verschweigt man ein Gespenst, wird es größer, und bleiben wir, wie wir sind, nur anders und bewusster. Dieses Buch ist während der Corona-Krise entstanden. Durch die Folgen und den Umgang mit dieser Pandemie fühle ich mich in meinem Standpunkt, dass ein vereinfachter Blick auf den Zustand unserer Erde zumindest hilfreich, wenn nicht sogar notwendig ist, bestätigt. Hierzu aber im vorletzten Absatz mehr.

# Wirtschaft

Ich muss zugeben, mit diesem ersten Kapitel von null auf hundert zu starten, insbesondere in Bezug auf die Abgrenzung zwischen Machbarem und utopischer Spinnerei. Ich hoffe, Sie verzeihen mir diesen Kaltstart. Nehmen wir mal an, niemand wäre auf die Idee gekommen, Geld in Form von Münzen oder bedrucktem Papier zu erfinden. Wie würden wir heute handeln, tauschen? Was, wenn jemand nichts zu tauschen hat? Könnte es vielleicht andere Währungen wie z. B. Sand, Steine, Schafe, Kamele, Schweine, Salz, Zucker oder, schlicht und dennoch wertvoll, Gold geben? Wie hat alles angefangen? Jagen, pflanzen, züchten und dann tatsächlich tauschen? Ich bin diesbezüglich nicht ausreichend informiert. Unsere Währung heute ist Geld. Greifbar ist dieses Geld manchmal. Meistens, also bei den großen Geschäften, gibt es das Geld aber gar nicht in materieller Form. Es steht in geschriebenen Zahlen auf Papier, auf Bildschirmen oder sonst wo, und existiert letztlich nur in unserer Vorstellung. Trotzdem hat es einen enormen, dann ja eigentlich nur ideellen, ergo erst mal nicht greifbaren Wert. Wir sehen tagtäglich, dass es so praktiziert wird. Ich frage Sie trotzdem, wie es Ihnen bei dieser Vorstellung geht. Deals werden getätigt, indem Waren oder Dienstleistungen gegen bedrucktes Papier oder Münzen aus eher minderwertigem Material „getauscht" werden. Darüber hinaus ist das Geld oft gar nicht existent. Worauf will ich in meiner simplen Denkweise hinaus? Ich finde diesen Tausch, also diesen Handel der heutigen Zeit, nicht immer messbar fair. Ich würde sogar sagen, es steckt eine gewisse Irrationalität in so einem Tausch. Gibt es Alternativen? Vielleicht; wäre es nicht sinnvoll, zumindest die lebensnotwendigen Wirtschaftsgüter wieder völlig anders, ich meine für jeden Menschen greifbar und zugänglich, zu bewerten und in den Umlauf zu bringen, d. h. „währungslos"? Wäre es nicht klug, zu sagen, diese Geldgeschichte kann vielleicht für Luxusgüter o. ä. greifen, allerdings nicht für Lebensmittel und dergleichen? Warum machen wir Geschäfte, die in ihrer Verschwendung kaum noch fassbar sind, mit lebensnotwendigen Waren? Warum werden dadurch Güter für arme Erdenbürger unzugänglich? Warum lassen wir diese für große Teile unserer Erde verheerenden Ausmaße zu? „Back to the Roots" würde in meinem Sinne eventuell zu einem Geldvernichtungsszenario führen; aber wäre das dem Fortbestehen der Menschheit abträglich? Vorstellbar in unseren Köpfen ist meine Vision vielleicht, durchsetzbar jedoch nicht, weil zu viele auf zu viel Unnützes verzichten müssten.

Also kann man schlussfolgernd mit meiner zuvor beschriebenen Sichtweise, mit meinen Zweifeln und meiner Fragestellung unser Wirtschaftssystem nicht vereinfachen, zumindest nicht kurzfristig. Aber eins ist sicher: Lassen wir den Auswüchsen des Economy-Wahnsinns freien Lauf, wird es zu einem totalen Zusammenbruch kommen. Logisch betrachtet muss das doch jedem klar sein. Wie sollen die eh schon nicht mehr ausreichenden Ressourcen gerecht verteilt werden, wenn im Handel mit diesen lebensnotwendigen „Unentbehrlichkeiten" Geldgeschäfte von gigantischer Unverschämtheit getätigt werden? Und wie kann man glauben, dass diese Missverhältnisse von den zuerst Be- und Getroffenen, also den Nichtprofitierenden, weiter hingenommen werden? Und wie kann man sich der Illusion hingeben, dass der Handel mit unseren verbliebenen Ressourcen deren Endlichkeit aufheben kann? Irre, wie auch die kapitalistische Welt wirtschaftliche Belange über jede Logik stellt. Bevor mir jetzt jemand, wie vielleicht auch beim nächsten Thema „Soziale Ungleichheit", sozialistische oder gar kommunistische Tendenzen vorwirft: Zum einen habe ich beides – genau wie den Marxismus – gar nicht abschließend verstanden, und zum anderen lebe ich selber eher dekadent. Ich denke nur ohne Umschweife nach. Wer mir allerdings mit dem Vorwurf „Wasser predigen und Wein trinken" kommt, der hat einfach nur recht.

## Soziale Ungleichheit

Ihnen wird der Spruch „Die Welt ist ein Dorf" geläufig sein. Vom Dorf zum Sandkasten ist der Weg nicht mehr weit. Stellen wir uns also mal vor, die Welt sei ein 100 qm großer Sandkasten mit 500 qm Land drumherum. Im Sandkasten leben zehn Menschen; zwei haben aus Gründen, die m. E. völlig egal sein sollten, genug Nahrung und medizinische Versorgung. Darüber hinaus besitzen sie 90 % aller anderen Annehmlichkeiten, die für ein Überleben in „standesgemäßer" Form bedeutsam sind. Die anderen acht Menschen haben von dem Notwendigsten wenig und darben so vor sich hin. Um den Sandkasten herum leben 100 weitere Zeitgenossen, die fast gar nichts haben. Der Sandkasten ist von den 100 draußen durch einen Zaun abgeschirmt. In meiner schlichten Wahrnehmung stellen sich zwei Fragen: Wann hauen die acht den beiden anderen im Sandkasten die Hucke voll, um ihnen den Reichtum streitig zu machen, und aus welchem Material ist der Zaun? Wenn sich jetzt ein Großteil unserer tatsächlichen, zwar größeren, aber nicht komplett anders aufgeteilten Zivilisation bei meinem Beispiel die gleichen Fragen stellt, warum leben wir nicht danach. Warum glauben 10, oder von mir aus auch 20 oder 30 %, sie könnten 70, 80 oder 90 % folgenlos auf Dauer ausnutzen? Gut, hat bisher ja noch ganz gut geklappt. Doch ich erinnere mich an den Spruch „Der Krug geht so lange zum Brunnen, bis er bricht". Wer glaubt, alles läuft z. B. in der so genannten „zivilisierten westlichen Welt" nochmal 30, 50 oder gar 100 Jahre wie gehabt weiter, könnte irren. Aber stopp, es gäbe bei meinem Beispiel noch andere einfache Fragestellungen: Wie schaffen es die reichen zwei Personen, die anderen acht im Sandkasten auf ihre Seite zu ziehen, ohne Reichtum einzubüßen, und wie können dann zehn Personen die 100 draußen plattmachen, um keine

Angst mehr haben zu müssen, sie würden irgendwann überrannt? So, ist es jetzt noch unkompliziert? Ich denke schon, denn es bleibt nur noch die Frage nach gut oder böse, obwohl laut Shakespeare nichts an sich gut oder schlecht ist. Trotzdem beantworten Sie die Frage bitte für sich selbst.

Was hat das Ganze im Übrigen mit Globalisierung zu tun? Weiß ich nicht; ist mir allerdings auch völlig egal. Ob in einer Familie, in einer sonstigen Gemeinschaft, im Verein, sonstigen Zusammenschlüssen, unter Freunden, in einem kleinen Dorf, einer großen Stadt, in einem armen oder reichen Land, oder aber over the whole world; soziale Ungleichheit zu bekämpfen, ist ein Muss! Offensichtlich gibt es in unserem Kosmos genügend Vertreter gegenteiliger Positionen, z. B. Anhänger des darwinistischen Kapitalismus. Sprüche wie „Sich erst mal selbst der Nächste zu sein, ist doch logisch", „Jeder ist seines eigenen Glückes Schmied" oder „Der Stärkere gewinnt halt" sind einer zivilisierten, moralisch integren Welt meiner Ansicht nach unwürdig. Was wären die Folgen, würde man nach diesen Prämissen leben? Schwache, gebrechliche und bildungsferne Menschen blieben nicht nur auf der Strecke, nein, sie würden aussortiert. Dies würde sogar das Problem „Überbevölkerung/zu wenig Ressourcen" zumindest vereinfachen. Ein knallharter Konkurrenzkampf unter den dann noch verbliebenen Starken, Gesunden und Intelligenten würde weiteres Aussieben nach sich ziehen. Ein neuer Kosmos der nur noch Starken, Schönen und Reichen wäre die Folge. Aber würde der Konkurrenzkampf untereinander irgendwann enden? Und wer zieht die Grenzen zur Gebrechlichkeit, Schwäche, Dummheit und Hässlichkeit? Na ja, diese Antworten muss ja nicht ich geben; wie auch, meine Simplizität wäre nicht in der Lage dazu. Jetzt wird es ein paar Schlaumeier geben, die mir vorhalten, dass ich die Dinge doch vom Ursprung denken möchte. Und war der Homo sapiens nicht ursprünglich so unbedarft, ungegliedert und unsozial, dass sich lediglich die Starken durchsetzen konnten (Evolution)? Ja, mag schon sein; aber nicht alles Ursprüngliche muss positiv besetzt sein. Wir müssen es nur bedenken.

# Flüchtlinge

Ich behaupte mal, dass es speziell in der Flüchtlingsfrage des Jahres 2015 in Deutschland kluge Überlegungen dazu gab, wie Flüchtlinge grundsätzlich behandelt werden sollten. Ich stelle aber auch fest, dass die meisten von uns die absehbare Problematik nicht schon weit vorher konsequent kommuniziert bzw. prophezeit haben, nicht entsprechend vorgesorgt haben, und es heute nicht viel besser machen. Der von mir schon erwähnte große Zaun um den Sandkasten kann nicht groß, stark und mächtig genug sein, um all die aufzuhalten, die aus vielen unterschiedlichen Gründen ihre jeweiligen Geburtsländer verlassen wollen, um in privilegiertere Gegenden unserer Welt zu gelangen. Ich habe keine Ahnung, wie man auf die Idee kommen kann, Massen, die vor Hungersnot, Dürre, vor Kriegen, die teilweise von der westlichen Welt angezettelt oder zumindest befeuert wurden/werden, vor Armut und politischem Terror – ebenfalls oftmals von der zivilisierten Welt angefacht oder unterstützt – flüchten, aufhalten zu können. Es ist zutiefst unmenschlich, deren Schicksal zu ignorieren, und es ist dumm, zu glauben, wir hätten noch eine Frist, die wir nutzen könnten, um fröhlich weiter zu leben. Welche Rolle spielt es, ob jemand wegen Hunger oder politischem Terror zu uns möchte? Welche Rolle spielt(e) die westliche, die russische, die chinesische, ... Welt bei der Frage nach Ressourcennutzung (s. auch Klimawandel und Überbevölkerung), Waffenhandel und vielen anderen fragwürdigen Handlungen? Ich will uns nicht die Schuld an allem geben, aber wir waren – ganz simpel festgestellt – zumindest dabei.

Eins ist ebenfalls klar: Wir (Deutschland, Europa und der Rest, der sich zivilisiert nennenden Welt) können nicht die gesamte benachteiligte Weltbevölkerung aufnehmen; und das soll auch nicht so sein. Im Gegenteil: Würden alle zu uns kommen, wäre das eine gigantische Katastrophe. Hier wird dann, wie in vielen anderen Bereichen, der Konflikt zwischen Verantwortungs- und Gesinnungsethik deutlich. Max Weber hat hierzu im Jahr 1919 in seinem Vortrag „Politik als Beruf" Stellung bezogen. Politik ist immer auch ein Kompromiss. Aber wir müssen aufhören, zu ignorieren, was uns ganz sicher einholen wird. Wir sollten ein stärkeres Bewusstsein für Schuld und Möglichkeiten entwickeln. Es kann für das Gleichgewicht nur eine schlichte Wahrheit geben: Machen wir nicht alles, um Hintanstehende in anderen Bereichen des Erdballs zu unterstützen, wird uns eine Welle erwischen, die Corona geradezu harmlos erscheinen lässt. Sorry für diese nicht gewollt Epidemie relativierende Ausdrucksweise. Ich will einfach nur drastisch deutlich machen, wie sehr unsere Einsicht von Nöten ist. Wenn Sie mich jetzt fragen, worin denn zum einen mein Beitrag zur Überbrückung der sozialen Ungleichheit besteht, und ob ich zum anderen schon Flüchtlinge aufgenommen oder betreut habe, fallen mir die Antworten schwer. Ich hätte ein paar, die mir aktuell noch ausreichend erscheinen. Ich befürchte lediglich, Sie würden diese Antwortversuche als eher ungenügend bezeichnen. Also erspare ich sie Ihnen und mehr oder weniger als Schuldeingeständnis auch mir.

## Statussymbole/Stolz

Ich habe mich schon über unser Wirtschaftssystem und über die soziale Ungleichheit in der Welt ausgelassen; jetzt bestätige ich ungern, zumindest in der Vergangenheit oftmals Statussymbole genutzt zu haben. Leider kann ich erklären warum. Anerkennung zu erhalten, schmeichelt auch mir. Aber welche Gründe kann es tatsächlich geben, um sich Akzeptanz zu verdienen? Ansehen qua Geburtsort, der sonstigen Geburtsumstände und der Eltern, oder trotz derer; wegen glücklicher, harmonischer und geförderter Jugend, oder trotz der jeweiligen Gegenteile? Ich glaube, wir könnten uns hier schnell einig werden. Ist es lobenswert, etwas Gekauftes, Gewonnenes, vielleicht auch Ererbtes vorzuzeigen, oder sind es eher Güte und Hilfsbereitschaft, Liebe und Mitgefühl bzw. Verständnis und soziales Gewissen, die Anerkennung hervorrufen sollten? Ich schäme mich nicht, Statussymbole vorgezeigt zu haben, und dies zeitweise immer noch zu tun. Doch ich schäme mich für all das, was ich nicht getan habe, um wirkliche Bestätigung zu verdienen. Wir alle könnten tatsächliche Anerkennung erhalten. Die meisten von Ihnen werden sie auch schon bekommen haben. Statussymbole täuschen und lügen. Wir sollten wahrhaftig sein und nach realen Symbolen für unser Tun und Denken suchen. So, das war jetzt sehr moralisch und fast auch kalendarspruchwürdig, aber schlicht wahr ist es.

Lob von anderen ruft oftmals Stolz hervor. Wer auf was wirklich stolz ist oder sein darf, sollte grundsätzlich jedem Einzelnen überlassen sein. Man kann stolz sein auf seine Kinder/Enkelkinder/Lebenspartner/Eltern (wegen der geerbten Gene), auf sein soziales Gewissen bzw. die sozialen Eigenschaften (s. o.), auf beruflichen Erfolg, auf Wissen, auf die eigene Empathiefähigkeit, auf kommunikative Stärken, auf erfolgreiche oder befriedigende

Hobbys, auf die eine große oder viele kleine Liebesbeziehungen, auf die Fähigkeit bzw. Kraft, treu sein zu können, und noch auf viele andere Eigenschaften und Leistungen. Worauf man meines Erachtens nicht stolz sein sollte, ist z. B. das Vaterland. Man kann glücklich sein, dort geboren worden zu sein. Aber stolz darauf zu sein, in Deutschland das Licht der Welt erblickt zu haben, halte ich für – sagen wir mal – überflüssig, wenn nicht sogar irreführend. Welche Leistung oder positive Eigenschaft steckt hinter der Tatsache, in einem bestimmten Land geboren worden zu sein? Ich denke keine. Versuchen wir doch, uns darauf zu besinnen, was im eigenen Leben wirklich Stolz rechtfertigen kann. Lassen wir dabei alles weg, worauf wir keinerlei Einfluss hatten und haben. Ich bin sicher, jeder wird genug finden, um stolz sein zu können. Wenn Vaterland und Stolz überhaupt in einem Atemzug genannt werden können, dann bei jemandem, der es geschafft hat, in einem Geburtsland, in dem die Möglichkeiten, wie man sie oftmals in unserem Heimatland vorfindet, nicht gegeben sind, trotzdem wohlgenährt, gesund, erfolgreich und glücklich geworden bzw. geblieben zu sein. Der Einfachheit halber sage ich mal: Deutschland ist ein in vielerlei Hinsicht tolles Land, aber überfrachten wir diesen Fleck der Erde nicht mit überbordendem Patriotismus. Besser wäre es, zum einen zu genießen, und zum anderen in dem Bewusstsein zu leben, dass es anderen in entfernten Teilen der Welt mit Sicherheit wesentlich schlechter geht.

# Klimawandel/Überbevölkerung/
# Generationenkonflikt

Nehmen wir an, auf einem fernen Planeten sitzen zwei der Menschheit in jeder Beziehung weit überlegene Wesen, die seit tausenden Jahren unserem Treiben zusehen. Welche simplen Fragen könnten sich diese Außerirdischen stellen? Vielleicht auch diese: Warum zerstören die da ihre Lebensgrundlagen? Okay, jetzt gibt es vermeintliche Klugredner, die daran glauben, wir verändern das Klima nicht. Ich gebe zu, dass mich Wissenschaft zum einen nie besonderes interessiert hat, und dass ich zum anderen auch deswegen keine Ahnung habe. Zu meiner einfachen Wahrheit gehört aber, dass der weit überwiegende Teil der mit der Materie beschäftigten Wissenschaftler sicher ist, dass wir einen wesentlichen Teil zum Klimawandel beitragen. Das, was man schon seit Jahrzehnten in der Natur sieht, lediglich auf den Lauf der Erdgeschichte zurückzuführen, kann nur darauf schließen, dass man etwas verdrängt, weil man es aus Angst vor was auch immer nicht sehen will. Die Außerirdischen grübeln wohl ebenso darüber, wie wir diesbezüglich unsere Prioritäten setzen: Klimawandel verhindern, also die Zukunft unserer und aller nachfolgenden Generationen sichern, erst oder nur dann, wenn Folgendes gewährleistet wird: Zum Beispiel soll das mit Zahlen bedruckte Papier in den „richtigen Händen" bleiben. Gleiches soll für die bereits gebauten und noch zu bauenden Häuser, deren einzig logischer Sinn eigentlich darin besteht, dass Menschen ein Dach über dem Kopf haben, weiter gelten. Auch der Handel mit Lebensnotwendigem und mit völlig überflüssigen Gütern soll so weiterlaufen, wie es den genannten „Richtigen", also richtig Reichen, gefällt. Verrückt, wie wir ticken. So könnten die beiden da oben denken. Sollte der Klimawandel zumindest teilweise von uns gemacht sein, kann es in einer einfachen Welt nichts Wichtigeres geben, als ihn zu verhindern, und zwar ohne Rücksicht auf wirtschaftliche Belange. Wer das in Abrede stellt oder nur relativiert, wird den Klimawandel nicht stoppen. Und das heißt nicht, dass unsere Erde im wirtschaftlichen Chaos versinken muss. Wichtig wäre zuallererst, dass im Bewusstsein jedes einzelnen Bürgers die richtigen Prioritäten ankommen. Sollte das gelingen, kann unser wirtschaftliches Überleben ebenfalls gesichert werden. Es kommt auf die Reihenfolge an: Erst die Lebensgrundlagen zumindest sichern wollen, dann das Leben der Menschen untereinander dementsprechend anpassen. Das gefällt vielen nicht, ist aber schlicht gedacht logisch und unumgänglich.

Es grünt so grün, wenn die Hoffnung blüht. Was ist stärker? Menschliche Fehler, menschliche Intelligenz und Macht auf der einen oder Hoffnung auf der anderen Seite. Hoffnung auf was? Dass alles so bleibt, dass Liberalismus und Besitzstandswahrung weiter bestehen? Oder Hoffnung darauf, dass das am höchsten entwickelte Lebewesen, aber auch das einzige, das die Macht hat, unsere Lebensgrundlagen zu zerstören, zur Einsicht kommt. Natur schützen, mit der Intelligenz und der Macht des Menschen oder gegen diese, wer hat wirklich die Macht, gegen die Macht zu bestehen? Unsere Fehlbarkeit zu akzeptieren, sollte in Verbindung mit der Wichtigkeit der natürlichen Lebensgrundlagen zu der Erkenntnis führen, dass Regeln, die das Ökosystem schützen, wichtiger sind als alle anderen Gesetze und Vorschriften. Das muss in die Köpfe der großen Mehrheit der Weltbevölkerung. Dann entsteht ein Aufbruch in die Zeit des Verstehens. Nochmal: Grün zu denken und zu leben, führt nicht zwangsläufig zum Zusammenbruch der Wirtschaft. Selbstverständlich ist es von enormer Wichtigkeit, die Menschen auch mit all ihren finanziellen Sorgen mitzunehmen. Unsere Irrationalität und die weltweit über Jahrzehnte, nein, Jahrhunderte gewachsenen Strukturen lassen es nahezu unmöglich erscheinen, das Stoppen der Klimaveränderung und die Wirtschaft unter einen Hut zu bringen. Diese vielleicht, aber hoffentlich doch nicht so unwiderrufliche Unmöglichkeit zu durchbrechen, ist die Aufgabe, die vor uns liegt. Schaffen kann es nicht Deutschland oder die

EU allein; nein, die Aufgabe ist umso schwerer, weil es um die ganze Erde geht. Alle mündigen, frei lebenden, die Natur liebenden und weitsichtig denkenden Menschen müssen jetzt aufstehen. Einen einzelnen Messias wird es nicht geben. Wir können nicht alles von Bewegungen wie „Fridays for Future" oder „Extinction Rebellion" erledigen lassen. Ohne uns geht es nicht. Das Argument bzw. die Frage „Warum muss Deutschland anfangen, wir sind doch eh viel zu klein und unbedeutend?" zählt zum Unsinnigsten, was ich in den letzten Jahren wahrgenommen habe. Man kann immer die Verantwortung an andere weitergeben, und man kann auch immer weiter nach Ausreden suchen, um nichts ändern zu müssen. Anzuführen bliebe nunmehr noch, dass mein Fleischkonsum zumindest bis zu Beginn diesen Jahres exorbitant hoch war, dass ich einen SUV fahre, dass ich beim Plastikverbrauch und der Mülltrennung bestenfalls bemüht bin und so weiter. Was bin ich nur für ein Pharisäer.

Würde man eine repräsentative globale Umfrage zur Überbevölkerung machen, käme ein klares Bekenntnis zur Tatsache, dass auf dieser Welt viel zu viele Menschen leben, heraus. Würde man die gleiche Umfrage unter 1.000 verantwortlichen Politikern öffentlich durchführen, wäre das Ergebnis ein anderes. Warum? Weil kein Politiker, der wiedergewählt werden möchte, dieses Problem gerne beim Namen nennt. Wie auch, er müsste Lösungen anbieten. Wie sollten diese aussehen? Wem sollte man wo, in welcher Form und wie lange verbieten, Kinder in die Welt zu setzen? Oder wer würde sich anmaßen, zu entscheiden, wer wie, wo und in welcher Anzahl „entsorgt" werden muss. Unser vielleicht größtes Problem ist also nicht zu lösen, und das, obwohl es uns allen bewusst ist. Ich befürchte, viele werden jetzt sagen, dass wir uns damit abfinden müssen. Ergo ignorieren wir es einfach weiterhin? Das muss nicht die Schlussfolgerung sein. Wir könnten auch, wie schon erwähnt, schlicht daran arbeiten, dass die uns zukünftig noch zur Verfügung stehenden Ressourcen so verwendet werden, wie es für ein Fortbestehen der gesamten Menschheit zwingend notwendig ist. Vielleicht müssen wir runterschrauben und entschleunigen; und zwar radikal. Das schreibt einer wie ich, der verschwenderisch unterwegs ist. Ich sehe keinen anderen Ansatzpunkt. Wir brauchen Regeln, die uns beschränken. Wer soll diese Regeln einführen? Ich befürchte, die Jungen werden das machen müssen. Die Alten, also ebenfalls meine Generation (Jahrgang 1963, Babyboomer), haben es versemmelt, der Nachwuchs muss es richten. Diese Sichtweise gefällt vielen in meiner Generation und in denen davor überhaupt nicht. Verständlich, wir haben doch nur gelebt. Um das große Ganze sollten sich doch Politiker kümmern. Die haben es allerdings nicht hingekriegt, obwohl wir sie ja auch dafür gewählt haben. Hätten diese Verantwortlichen schon vor vielen Jahrzehnten Gesetze zum Stopp des Klimawandels gemacht, wären sie natürlich von uns trotzdem anerkannt und wiedergewählt worden, oder? Nee, wohl eher nicht. Wir haben es vielleicht ein bisschen gewollt, aber jeder Einzelne wollte auch sein eigenes Leben so beibehalten, wie er es gewohnt war. Wie erklären wir jetzt den nachfolgenden Generationen, dass sie es anders machen müssen. Und wie schaffen wir es, trotzdem bis zu unserem Ende schön dekadent weiterzuleben? Schwirig, ich würde sogar sagen: Diesen Wunsch werden uns die Jungen zu Recht nicht erfüllen.

Jetzt kommt noch dazu, dass zumindest ein nicht geringfügiger Teil von den Älteren, auch in Deutschland, später aufgrund nicht ausreichender Altersvorsorge von den Jüngeren durchgefüttert werden muss. Das müssen wir also auch noch erklären. Nicht nur, dass die Alten den Klimawandel forciert und die soziale Ungerechtigkeit nicht gestoppt haben, nein, sie haben zugleich schlecht vorgesorgt. Ich habe selbst zwei Söhne (20 und 30 Jahre alt), denen ich manchmal in Erklärungsnot gegenübersitze, obwohl sie mir glücklicherweise jetzt noch keine Vorwürfe machen. Dass es so kommen wird, ist dennoch möglich. Wie bekommen wir es also gemeinsam einvernehmlich hin, runter zu kommen und die Ansprüche runter zu schrauben? Meine simple Antwort darauf ist: Wir machen einen Überschlag, der von Wissenschaftlern als Worst-Case-Szenario entworfen wird. Dann werden Entscheidungen getroffen, wer wann, wo, wie und wofür noch Ressourcen zur Verfügung hat. Die Wirtschaft und alle anderen müssen binnen kürzester Zeit entsprechende Modelle entwickeln, um sich den Gegebenheiten anzupassen. So einfach könnte es sein! Okay, ich träume wieder.

## Rassismus

Ab wann ist man ein Rassist? Sind z. B. alle weißen US-Amerikaner, deren Vorfahren vielleicht irgendwann mal Sklavenhalter waren, automatisch Rassisten, wenn sie in ihrem Haushalt Hausbedienstete mit schwarzer Hautfarbe zu Dumpinglöhnen beschäftigen? Diese Frage ist nur wie folgt zu beantworten: Nein, sie sind es nicht, wenn sie die Geschichte der Ahnen aufgearbeitet und verarbeitet haben, und sie den Hausangestellten unabhängig von der Hautfarbe beschäftigen. Ja, sie sind es, wenn in ihnen, sei es auch nur latent, das Gefühl lebt, Schwarze sind halt bei unfairer oder gar fehlender Bezahlung für Aufgaben im Haushalt oder sonst wo prädestiniert. Es gibt noch viele andere Sachverhalte, bei denen die Unterscheidung zwischen Rassismus und einfach nur einer Beschäftigung gegen zu geringe Entlohnung, also der allgemeinen Ausnutzung im Niedriglohnsektor, umso schwerer fällt. Es ergibt keinen Sinn, diese einzeln durchzugehen, und es ist ebenso sinnlos, alle anderen Abgrenzungen zu Rassismus durchzukauen. Sinnvoll ist es allerdings, immer genau hinzuschauen, wenn auch nur der kleinste Verdacht von Fremdenfeindlichkeit vorliegt. Im September 2020 gab es globale Empörung über offensichtlich rassistisch motivierte Polizeigewalt. Die diesbezüglichen Demonstrationen sind richtig und machen aufmerksam. Mir stellen sich dennoch ein paar Fragen. Hätten die Demonstrationen stattgefunden, wenn George Floyd, so der Name des zur damaligen Zeit in den Medien omnipräsenten US-amerikanischen Opfers, nicht getötet worden wäre? Wäre die Wut über Rassismus genauso hoch, wenn z. B. in Indien, Pakistan, in Angola oder auf den Philippinen ein ähnlicher polizeilicher Übergriff erfolgt wäre? Würden wir in diesen Tagen über Rassismus genauso enthusiastisch diskutieren, wenn nicht zufällig ein Video über die Tat existieren würde. Meine Antworten: Nein, die

Demonstrationen hätten eine wesentlich geringere Teilnehmerzahl, wenn es sie denn überhaupt geben würde. Nein, die globale Wut hat sehr wohl mit dem Ort des Geschehens zu tun. Nein, ohne filmischen Nachweis würden wir uns nicht aufgewühlt in Rage reden. Welche Rolle spielt die Frage nach schwerverletzt oder getötet werden, nach dem Ort der Tat und nach der Aufzeichnung einer Tat für die Beurteilung, ob es erstens Rassismus gibt, und ob es zweitens immer notwendig ist, gegen diese Fremdenfeindlichkeit vorzugehen?

Ich bin fortwährend verwundert darüber, wie wir in unserer Welt Ereignisse völlig unterschiedlich bewerten, obwohl die moralische Verwerflichkeit absolut ident ist. Für mich sind Polizeigewalt und Rassismus unabhängig von den betroffenen Personen und vom Ort des Geschehens immer gleich zu bewerten. Ich bin über ein an Hunger verstorbenes Kind in Afrika genauso bestürzt und erschüttert wie über den Unfalltod eines prominenten Kindes aus unseren Gefilden. Medien spielen hier eine sehr fragwürdige Rolle. Solange wir nur mediengesteuerte Dinge wahrnehmen, die wir uns zumuten wollen, werden wir den Kampf gegen Fremdenfeindlichkeit nicht gewinnen. Fangen wir aber an, diese unmenschliche, diskriminierende Betrachtung anderer Erdenbürger immer und überall gleich wahrzunehmen, werden wir erkennen, dass Rassismus nach wie vor ein weltweites Problem darstellt, und, so befürchte ich, auch weiter darstellen wird. Wir lösen es zugleich nur, wenn unsere Empörung sich nicht nur dann hochstilisiert, wenn einzelne Facetten mehr oder weniger zufällig von Sensationsreportern oder sonst wem sichtbar gemacht werden. Zu meiner Schande muss ich zweierlei gestehen: Ich denke zwar oft über Fremdenfeindlichkeit nach, recherchiere aber viel zu wenig über die tatsächlichen Ausmaße. Und leider muss ich zugeben, nicht nur in prekären Situationen Menschen auch schon nach ihrem Äußeren beurteilt zu haben. Wie tief ist diese Unart in uns verankert?

## Gesundheit

Ich bin knapp 60 und fühle mich manchmal wie 30, oftmals aber auch wie 80. Woher kann ich überhaupt wissen, wie ich mich fühlen würde, wenn ich tatsächlich schon 80 wäre? Und kann ich mich wirklich noch erinnern, wie ich mich mit 30 gefühlt habe? Sei es drum; dass ich schon fast 60 Jahre auf dieser Welt, und dann noch im privilegierten Deutschland leben darf, freut mich erst mal sehr. Was habe ich aus eigenem Antrieb dazu beigetragen? Schwer zu sagen; warum habe ich mich noch nicht volltrunken um einen Baum gewickelt, warum bin ich noch nicht voller Liebeskummer von der Brücke gesprungen, warum hat mich noch kein Krebs zerfressen oder warum hat mich noch niemand ermordet? Okay, wenn das meine Verdienste für mein schon lange anhaltendes Dasein sind, bravo! Ist nicht ebenso die Art, wie man lebt, wie man isst, wie man sich bewegt, wie man trinkt, wie man sich pflegt und wie man auch mal sündigt, von entscheidender Bedeutung für die Frage, ob man ein gesundes, langes Leben führen kann? Oder sind es nur die Gene, die entweder vor schneller Alterung und Krankheit schützen, oder eben nicht? Gut, dass ich kein Wissenschaftler bin, und mich nicht ständig damit auseinandersetzen muss. Die Wirkung welcher Erbanlagen auf was genau, ich habe keine Ahnung. Die Wirkung ungesunder Ernährung, zu hohen Alkohol- und Nikotinkonsums oder fortgeschrittener Inaktivität auf unseren Körper kann ich zumindest erahnen. Aber ab wann ernähre ich mich ungesund, also ab welchem Cholesterin- oder Blutdruckwert und ab welchem Blutzuckerspiegel? Ab wann trinke ich zu viel; schon bei fünf Gläsern Wein in der Woche oder erst beim Komasaufen? Ist Fleisch, zumindest in Maßen, für den Körper verträglich, obwohl es für die Welt in Unmengen auf jeden Fall schlecht ist (komischer Vergleich!)? Wie viel Zucker ist für wen in welcher Lebensphase mit oder ohne Krankheit, und wenn ja, welcher noch vertretbar? Fragen über Fragen, deren Antwort ich nicht kenne. Was also tun? Entweder setze ich mich tagtäglich oder gar stündlich mit diesen Fragen auseinander, oder ich lasse es. Was passiert bei Ersterem? Sich mit gesunder Ernährung zu beschäftigen, und zwar so, dass es zu einer wirklich langfristigen Verbesserung der eigenen Gesundheit führt, ist zeitaufwendig und oftmals auch schwer mit anderen nicht so überzeugten Personen im direkten Umfeld umzusetzen. Sich im Gegensatz dazu einen feuchten Kehricht um seine gesundheitliche Verfassung zu kümmern, macht aber irgendwie auch keinen Sinn.

Jetzt bin ich einer einfachen Antwort nicht mal nahegekommen. Ich versuche es mal anders. Der Mensch wird, da wird mir wohl niemand widersprechen, ausreichend mit Nachrichten und Informationen jedweder Art aus vielen verschiedenen Medien gefüttert. Warum kann man nicht schlicht festhalten, dass jeder nur ansatzweise an seiner eigenen Gesundheit interessierte Bürger nach eigener Fasson Gesundheitsinformationen aufnehmen und umsetzen kann. Wir sollten aufhören, zu beteuern, das eine oder das andere wäre verwerflich oder dumm. Gehen wir doch anderen mit unserer völlig subjektiven Entscheidung nicht auf die Nerven. Lassen wir es also zu behaupten, die perfekte Ernährungs- und Bewegungsmethode zu kennen. Hören wir auf, andere mit unseren vielleicht auch aus ungesunder Lebensweise entstandenen Zipperlein zu nerven. Entscheidungen zur eigenen Gesundheit sind so subjektiv, wie wir individuell sind (ausgenommen natürlich Schwerstkranke, die keine eigenen Entscheidungen mehr treffen können, und Minderjährige). Kinder müssen natürlich zeitig über gesunde Ernährung, die wissenschaftlich belegt werden kann, und deren Wichtigkeit informiert werden (siehe „Bildung"). Es gibt Menschen, die sehen in mir einen ständig mit seiner eigenen Gesundheit beschäftigten Hypochonder. Ich würde jetzt gerne sagen, die spinnen. Kann ich aber nicht. Im Übrigen bin ich regelmäßig einmal am Wochenende bei relativ hohem Alkohol- und Nikotinkonsum feiernd oder gesellig beisammensitzend unterwegs. Ein gutes Vorbild für zwei mittlerweile erwachsene Jungs war ich bezüglich meines Lebenswandels und den daraus resultierenden „Wehwehchen" bestimmt nicht. Mit wem sitze ich nach wie vor am Wochenende am liebsten, aktuell noch rauchend, mit Sicherheit aber Bier trinkend zusammen? Richtig, mit meinen …

# Tod

Der Tod kann die Folge schlechter Gesundheit sein. Er kann den aus dem Leben Scheidenden plötzlich und unerwartet treffen. Er erscheint fast immer ungerecht, zumindest für den Betroffenen. Er ist aber in jedem Fall unumgänglich. Wie geht man also simpel mit dieser Tatsache um? Sollte man sich schon frühzeitig (wann wäre das?) mit dem Tod beschäftigen, um vielleicht vorbereitet zu sein? Versaut man sich nicht mit dieser Auseinandersetzung Lebenszeit, die man besser unbedarft und unbeschwert verbringen sollte? Wie kann man überhaupt auf das Unausweichliche vorbereitet sein? Wenn man sich heute darüber Gedanken macht und glaubt, man hat ein Arrangement mit dem Tod gefunden, z. B. weil man auf dem Sterbebett sagen kann, vieles richtig gemacht zu haben und glücklich gewesen zu sein, ist es dann auf dem letzten Lager tatsächlich eine Hilfe? Lässt sich der Tod vielleicht auf gar keine Vereinbarung ein? Und wird er uns so oder so in den letzten Zügen überraschen und zu völlig anderen Empfindungen bringen als vorher gedacht? Gut, dass wir nicht alles wissen. Todessehnsucht ist kein guter Ratgeber, das Ignorieren des dann so Unendlichen ist meines Erachtens auch nicht erforderlich. Der Spruch „Jeder, wie er meint" trifft hier ins Schwarze. „Jeder, wie er mag" wäre nicht so passend. Ich glaube nicht, dass es eine Patentlösung gibt; dazu sind wir auch in diesem Zusammenhang zu individuell. Der Tod beendet schlicht und ergreifend das Leben. Das war so, das ist so und das bleibt so. Ich gebe zu, dass ich mich wahnsinnig freuen würde, wenn jemand stichhaltige Argumente, die das Gegenteil beweisen, vorbringen könnte. Ich befürchte nur, diese Hoffnung wird mir nicht erfüllt.

Kann man sagen, dass der Tod natürlich ist, und dass er Teil, wenn auch der unschönste, unseres Lebens ist? Das diesbezüglich zuvor Geschriebene bestätigt es doch, oder? Gehen wir mal davon aus. Darf oder sollte es dann Menschen geben, die über diese Natürlichkeit entscheiden? Wäre es nicht anmaßend, dem Nachkommen des Homo erectus diese Macht auch noch zu gewähren? Hat dieses Wesen nicht schon genug Macht über Flora, Fauna usw., und geht es nicht, wie im anderen Zusammenhang schon gesagt, eher lax, wenn nicht sogar unverantwortlich mit dieser Macht um? Wenn sich jemand in einer schier ausweglosen Situation durch eine unheilbare und starke Schmerzen bereitende Krankheit befindet, wird er sagen, dass er selbst das Recht haben muss, den Tod herbeiführen zu dürfen. Hilfe, am besten fachliche, benötigt er aber auch. Wer soll diese Hilfe wie geben dürfen? Egal wer die Antworten auf alle zugehörigen Fragen geben soll und muss, es wird immer Härtefälle geben, und bei einer neuen Grenzziehung weitere neue. Subjektiv betrachtet, wird jeder Betroffene eine Regelung für sich in Anspruch nehmen wollen, die ihm das Sterben erleichtert. Objektiv betrachtet, ist es ausgeschlossen, das Sterben zu reglementieren. Auch wenn ich weiß, dass ich mir jetzt bei der Mehrzahl der Leser keine Freunde mache, Objektivität kann, darf und muss vielleicht sogar bei Entscheidungen zur Euthanasie zumindest mitbeachtet werden. Sterben, ohne Leiden und ohne aktive Sterbehilfe zu ermöglichen, ein schwieriger Spagat. Es ist gut möglich, dass ich als Betroffener gänzlich anders argumentieren würde. Vielleicht kann es hier keine allgemeinverbindliche einfache Wahrheit geben.

## Mode

Ich glaube, hier kann ich mich kurzfassen. Warum sollte man Modetrends beachten? Ergibt es Sinn, sich abhängig zu machen von Geschmack, den andere erdacht und kreiert haben? Ist Geschmack nicht individuell? Wäre die Welt nicht noch um ein Vielfaches bunter und schriller, wenn wirklich jeder völlig autark sein Outfit aussuchen und nutzen würde? Zeugt es von Stärke, wenn man bei seiner Kleidung nur versucht, es anderen gleich zu tun? Ist es nicht vielmehr ein Zeichen von Selbstvertrauen, wenn man sich einen feuchten Kehricht um den Geschmack der anderen kümmert? Kann man Geschmack überhaupt vereinheitlichen? Ich denke, Sie erkennen schon an meinen Fragestellungen, wie ich in meinem Kopf zu Mode stehe. Wie ich mich tatsächlich kleide, können Sie nicht sehen. Andernfalls würden Sie feststellen, wie sehr auch ich mich bezüglich meines Outfits an anderen orientiere. Traurig und eigentlich nicht nachvollziehbar. Vielleicht überrasche ich mein Umfeld irgendwann mal damit, aus dieser Konvention komplett auszuscheren. Ach, hätte ich doch den Mut dazu.

## Satire

Satire ist eine Kunstgattung, die durch Übertreibung und beißenden Spott an Personen/Ereignissen Kritik übt, sie der Lächerlichkeit preisgibt, Zustände anprangert, mit scharfem Witz geißelt (vgl. Wikipedia). Wie ist Satire entstanden? Ist sie aus dem menschlichen Bedürfnis, sich über andere lustig zu machen, und aus der Notwendigkeit, Missstände zu kritisieren, entstanden? Das eine Notwendige würde dann oftmals entweder zwangs- oder nur beiläufig etwas für bestimmte Personen Unangenehmes mit sich bringen. Muss Satire, wie Kurt Tucholsky behauptet, Menschen schlagen, und muss sie ungerecht sein? Muss sie zur Überspitzung und zum Tabubruch führen? Ist Satire ohne Biss unsinnig? Ich befürchte, Verspottende/Verhöhnende sagen zu allem ja. Ich halte dagegen und versuche, nachfolgend mehr schlecht als recht zu erklären, warum nicht alles, was Tucholsky gesagt und geschrieben hat, wahr sein muss. Ebenso versuche ich den Spruch von Walter Mehring (1896–1981) „Für Sarkasmus sind die Menschen zu dumm" zu widerlegen. „Zum guten Ton" unserer mehr oder weniger lustigen Comedians und auch der sogenannten Satiriker gehört es schon seit jeher, in der Öffentlichkeit stehende Berühmtheiten zu beleidigen, zu diffamieren, lächerlich zu machen oder sie auf Dinge zu reduzieren, deren Wichtigkeit für ihre eigentliche Tätigkeit gegen null geht. Ich schlage diesbezüglich mal folgenden simplen Gedankengang vor: Menschen funktionieren untereinander, egal in welcher Konstellation, auf Dauer ziemlich gleich. Ob 100 Geistliche oder 100 Satiriker ist diesbezüglich relativ egal. Gleiches würde für 100 Politiker, 100 „Normalos" oder einer 100er-Mischung aus allen möglichen Individuen gelten. Alle haben Stärken und Schwächen sowie gute und schlechte Eigenschaften. Eingesperrt in einen Raum, ausgestattet mit dem Notwendigsten, würde jede Gruppe Übereinkünfte erzielen, aber auch Auseinandersetzungen ausfechten. Natürlich hätte die Qualität des Miteinander zusätzlich mit den jeweiligen aus Genen und Erfahrungen gewachsenen Persönlichkeiten der „Inhaftierten" zu tun. Aber völlig unabhängig von diesen jetzt nicht messbaren Faktoren spinne ich mal einfach weiter und bleibe bei den 100 „Scherz-Zeichnern". Was würde neben dem ganz normalen Wahnsinn, der im Raum entstehen würde, bezüglich einer eventuellen Hierarchie und des Umgangs der nicht in vorderster Verantwortung Stehenden mit den eben genau da im Einvernehmen Platzierten passieren? Wären Kritik, Infragestellung, Belustigung und Diffamierung auf dem gleichen Niveau wie im richtigen Leben; oder würde eine Krähe der anderen kein Auge aushacken? Selbstverständlich kann ich nicht hellsehen, aber eines wage ich zu behaupten: Würden sich ein paar Raumbewohner über ein paar andere oder gar nur einen satirisch hermachen, gäbe es bei den/dem Verspotteten Stress. Ich bin sogar davon überzeugt, dass die/der sich im Sinne eines homogenen Miteinanders verbeten würde/n, unsachliche Kritik hinnehmen zu müssen. Wahrscheinlich wären einige richtig gehend beleidigt. Es wäre schön, wenn sich die Witz-Darsteller, egal ob Satiriker oder Comedians, hinterfragen würden. Je kleiner die Gruppe, in der verhohnepipelt wird, desto offenkundiger würde die Unverträglichkeit von scharfem Tobak gegenüber einigen wenigen, oder gar nur einem Einzelnen. In, mit oder wegen der großen Masse lässt es sich leicht verstecken.

Mit welchem Recht dürfen öffentliche Personen beleidigt oder lächerlich gemacht werden? Satire ist meines Wissens nicht explizit gesetzlich geschützt. Es gilt zwar glücklicherweise das Recht der freien Meinungsäußerung, aber grundsätzlich nur soweit, wie Beleidigungen ausbleiben. Jetzt gibt es, der Argumentation von Satirikern folgend, genaue Definitionen dafür, wann Satire aufhört, und Beleidigung anfängt. Für mich ist das dann alles nur noch Wortklauberei. Professionell tätige und scharfzüngig verletzende Zyniker verstecken sich hinter der Meinungsfreiheit, um Geld damit zu verdienen, andere Menschen herablassend zu behandeln. Das muss man nicht als moralisch integer einschätzen. Ist z. B. ein Politiker, genau wie ein anderer Prominenter, automatisch Freiwild? Was ergibt es für einen Sinn, solche Berühmtheiten persönlich zu attackieren? Ist diese Art nicht immer auch Ursache für dann irgendwann weiter reichende Auseinandersetzungen? Warum schaffen wir es nicht, uns vorwiegend mit der Argumentation, also dem Sinn der einzelnen Aussagen und dem jeweiligen Handeln von politisch oder sonst wie tätigen Menschen zu beschäftigen? Und warum muss beim Nichtgefallen sofort ein persönlicher Angriff folgen? Natürlich sollten meine einfachen Regeln z. b. ebenso für das Verhalten von Politikern untereinander gelten. Der Ton macht die Musik, wie oft haben wir alle schon diesen Spruch benutzt? Durch die sozialen Medien ist noch offensichtlicher geworden, dass der Rede- und Schreibstil unter den Menschen insgesamt sehr rau, wenn nicht schon unerträglich laut, aggressiv und verletzend geworden ist. Nicht nur Politiker, sondern auch Satiriker, nein, wir in unserer Gesamtheit sollten Vorbild sein. Beschäftigen wir uns weiter vorwiegend mit der Persönlichkeit z. B. irgendwelcher Präsidenten, und weniger mit deren „sachlichen Tun" sowie deren Gesamtwirkung, werden wir auf dem heute oftmals vorherrschenden erbärmlichen Niveau verharren. Das Argument, man kann z. B. in der Politik Despoten nur mit gleicher Münze zurückzahlen, sonst geht man unter, halte ich für fragwürdig. Okay, ich weiß, Sie werfen mir jetzt wohl nicht zum ersten Mal Naivität und dergleichen vor. Ich antworte: Na und? Besser unbedarft von einer verständnis- und rücksichtsvolleren Welt träumen, als vorgegebenen Unsinn weitermachen. Ich bin froh, in einem Teil der Erde zu leben, in dem freie, manchmal auch nur von der Gleichgültigkeit der Masse gedeckte Meinungsäußerung erlaubt ist. Satiriker nutzen diese Freiheit, um zu beleidigen, und um gleichzeitig ihre eigene soziale Kompetenz in den Vordergrund zu stellen. Ich halte es für gelinde gesagt schwach und widersinnig, die Freiheit dafür zu nutzen, sozial kompetent auf andere einzudreschen. Der Satz „Wer in der Öffentlichkeit lebt, muss das abkönnen" ist aus meiner Sicht verwerflich.

Mensch bleibt Mensch, egal ob privat oder öffentlich. Gleiches gilt für seine Verletzlichkeit. Satire kann ohne persönliche Attacken funktionieren. Es würde sich sehr schnell die Spreu vom Weizen trennen. Das fände ich gut, denn ich liebe gut gemachte Satire. Ich habe mir mal erlaubt, einen „Abgesang" auf schlechte Satire zu verfassen:

Schon vor vielen Jahren beurteilten wir die Welt, und wir haben gelacht. Greta war noch gar nicht da, aber wir haben gelacht. An ihr konnten wir uns damals noch nicht abarbeiten, sie war halt noch nicht existent. Teenager, die klagen, die attackieren und nicht mehr lockerlassen, waren damals noch nicht da. Gelacht wurde halt über andere. Aber jetzt, jetzt ist Greta da, und wir dürfen über sie lachen. Endlich dürfen wir das „Wohlstandskind" lächerlich machen. Satire erlaubt es, unsere Freiheit deckt es. Die kleine Schülerin aus dem hohen Norden macht sich angreifbar und wird zur Witzfigur. Wenn die Göre älter wird, wird sie nicht lachen, sie wird uns aber fragen, warum wir gelacht haben. Dann bleibt den Lustigen das Lachen im Halse stecken. Weise Menschen sind oft alt, aber die Jugend lacht nicht mehr. Die Welt wird durch das Lachen der laut Lachenden nicht besser, aber wir lachen. Greta ist da, ist das nicht schön?

Ein weiteres Mal werden Sie mir jetzt sagen wollen, ich hätte den Sinn von Satire nicht verstanden. Doch, habe ich. Ich versuche mal, es zu beweisen, und mich auf das Niveau schlechter Satire zu begeben:

Spotten ist geil; warum nicht auch über Spötter spotten? Sie haben es sich verdient. Haben diese Ironiker nicht schon kassiert für Spott? Jetzt kassieren sie zusätzlich, aber nicht pekuniär. Wer öffentlich spottet, muss es abkönnen. Die Ironie ist vollkommen, wenn Satiriker sich selbst verspotten. Alle sind sich einig, sie dürfen alles; ich bin mir auch einig und brauche die Masse nicht. Sie sind so arm, sie brauchen das Geld, also immer mehr, immer grenzen- und tabuloser. Sie stoppen sich nicht. Das können sie gar nicht mehr, sie verstehen es ja nicht. Oder doch? Über andere herziehen, wie billig. Damit verkaufen sie teure Karten. An wen? An uns, wir sind die Deppen. Wir machen sie reich und verarmen dabei. Satire verstehen, mit Sarkasmus anprangern, Ironie trefflich setzen, sie versuchen es ja, aber laut, heftig und beleidigend macht es nicht gut. Wie unterschiedlich und gleich sie doch sind. Der eine lacht schon, bevor er versucht hat, lustig zu sein. Der andere ist gerne Oberlehrer und Weltversteher; er will gerne ernst genommen werden, obwohl er doch nur lustig kritisch sein soll. Der eine ist flacher als Nordfriesland, und der andere muss sich mal entscheiden: Aufklären oder Spaß machen? In der Kombination verheddert er sich so, als würde er stottern. Wie unangebracht für einen sprechenden, an sich glaubenden, nein, von sich selbst überzeugten Künstler. Der eine fliegt derartig tief, dass seine Pointen in chauvinistischer Billigkeit jedes Niveau unterbieten. Der andere erhöht sich gerne übermäßig und merkt nicht, wie tief er schon gesunken ist. Er ist öffentlich angepisst, wenn man ihn beschimpft und bedroht; zurecht natürlich; aber sich öffentlich darüber echauffieren, ist das Satire? Der eine lacht und lacht und lacht, seine sympathische Erscheinung erlaubt es ihm; wir lachen ja mit. Der andere glänzt smart mit Eloquenz. Komm runter von deinem Ross, sonst tritt es nach dir. Geld gibt wohl beiden recht, die Moral, die tut es nicht. Beide wissen, was richtig und falsch ist, beide glauben an ihre Wirkung und beide sind einfach nur im falschen Film.

Private, herablassende, dann selbstverständlich auch als anmaßend zu bezeichnende Vorwürfe „gegenüber" nicht anwesenden Personen kommen wohl uns allen mal über die Lippen. Versuchen wir, es einzuschränken, oder besser, es den betroffenen „Delinquenten" direkt von Auge zu Auge zu sagen. Ich frage erneut: Ist Humor, der nicht direkt jemandem weh tut, allein dadurch langweilig, uninspiriert und harmlos? Ich denke nicht. Das jetzt noch folgende Eingeständnis fällt mir besonders schwer, weil es die Absurdität in meinem Verhalten so krass wiedergibt: Ich habe mich in meinem Leben unzählige Stunden beim Zuhören deutschsprachiger Kabarettisten amüsiert, obwohl es sehr häufig vorkam, dass dabei Menschen des öffentlichen Lebens komplett rund gemacht wurden. Dafür schäme ich mich wirklich. Ich habe den Konsum von Kabarett mittlerweile derart eingeschränkt, dass ich zumindest ansatzweise sagen darf, ich schaue und höre möglichst nur noch den Sprachkünstlern zu, die sich Beleidigungen weitestgehend verkneifen. Da waren jetzt viele „ansatzweise", „möglichst" usw. dabei. Es lässt sich eben nicht ganz verhindern, lustigen und unterhaltsamen Künstlern zuzuhören, ohne dabei am Herziehen über abwesende Personen teilzuhaben. Für mich steht dennoch fest, dass wir nicht zu dumm sind, um sarkastisch zu sein. Wir müssen es nur ohne Beleidigungen umsetzen.

# Medien

Schon in der Rubrik „Satire" hatte ich angedeutet, dass man sich allgemein sehr häufig in einem beleidigenden Ton gegenüber Prominenten ergeht. Selbst vielfach aufgelegte, als seriös einzuschätzende Tageszeitungen und das öffentlich-rechtliche Fernsehen/Radio sind sich nicht zu schade, populistische und verletzende Kommentare o. Ä. abzusondern. Verweisend auf den letzten Absatz zur Satire, stelle ich nochmals fest, dass meines Erachtens ein Heruntermachen bekannter Menschen in der Öffentlichkeit weit über das zu tolerierende Maß hinausgeht. Wozu sind Medien da? Objektiv informieren und unterhalten, das sollten die beiden Ansätze sein. Wie in allen anderen Lebensbereichen auch, geschieht dies mal gut und mal weniger gut. Ich maße mir nicht an, einzelne Medien zu beurteilen. Ganz allgemein führe ich aber an, dass allen einseitig, oftmals schlicht falsch informierenden und sehr häufig gefährlich aufhetzenden Verlagen, Fernsehanstalten und sozialen Medien Einhalt geboten werden sollte. In unserer heutigen Zeit ist es schon nahezu normal, dass wir Berichten, selbst denen, die mit Bildern bewiesen sein sollen, skeptisch gegenüberstehen, da fast alles u. a. auch digital manipulierbar ist. Freie Meinungsäußerung ist ein äußerst wertvolles und hohes Gut. Dies darf aber nicht dazu führen, dass z. B. Kinder und Jugendliche mit billiger Propaganda für Dinge begeistert werden, deren Ausmaß und Gefährlichkeit sie nicht einschätzen können. Beim täglichen Medienkonsum sehen wir, dass es bei weitem nicht gelingt. Es ist mittlerweile völlig normal geworden, z. B. irre Verschwörungstheorien, Auswüchse jedweder nicht legalen sexuellen Art (u. a. mit Kindern und Tieren) oder gewaltverherrlichende Szenarien im Internet abrufen zu können. Algorithmen bestimmen oftmals unseren Informationskonsum. Das ist unerträglich. Diese Berechnungsverfahren werden nicht entwickelt, um uns besser zu informieren, sondern um uns zu ködern und einseitig zu lenken. Unsere Sorgfaltspflicht gegenüber der freien Meinungsäußerung abzuwägen, ist zugegebenermaßen sehr schwierig. Ich habe hierfür keine schlichte Lösung parat. Es ist wichtig, dass nicht nur Medien Politiker beobachten und beurteilen, sondern dass Legislative und Exekutive auch die Medien im Auge haben.

Sie warten auf meine einfache Wahrheit. Die folgt allerdings jetzt zu einem anderen Aspekt des Themas „Medien". Wie sehr regt sich die gesamte westliche Welt, und nicht nur die, über den Umgang einzelner Despoten o. Ä. mit den Medien des jeweiligen Staates auf? Um nur einige zu nennen: China, Russland, Nordkorea usw. Was ist der Grund für unseren Unmut? Es geht doch um die Gleichschaltung der Macht und der Medien, oder? Nehmen wir China: Der Staat versucht, sämtliche Medien zu kontrollieren, und würde am liebsten nur die Meldungen zulassen, die ihm genehm sind. Bedeutet also: Eine Macht, in diesem Fall der Staatsapparat, entscheidet, was die Mediennutzer sehen und hören sollen. Das ist tatsächlich Macht. Dies ist alles über die Maßen verwerflich und unerträglich. Nehmen wir jetzt als Gegenbeispiel Deutschland: Wer kontrolliert bei uns die Medien? Der Staat? Ja, zu einem gewissen Teil bei den Öffentlich-Rechtlichen. Aber wer hat die Macht über den weit überwiegenden Teil der bestimmenden Verlage und Privatsender? Das sind meines Wissens ein paar wenige Unternehmen und deren Zuarbeiter. Zu welcher Bevölkerungsgruppe würde man diese zählen? Zu den Armen und Bedürftigen, zum Mittelstand oder zum erlauchten Kreis der Bestverdiener und „Schwervermögenden"? Ich denke Letzteres. Kann oder muss man dann nicht sagen, dass ein paar Superreiche einen großen Teil der Macht besitzen, von der wir doch in Bezug auf z. B. China denken, sie sollte besser nicht in der Hand von ein paar Mächtigen, hier dann jetzt „Wirtschaftsmagnaten", liegen? Werden wir nicht gesteuert von dem einen berühmten Prozent der Großmillionäre und Milliardäre? Ich verbreite hier keine Verschwörungstheorie und darf auch für mich behaupten, dass ich mich von ARD, ZDF, den Dritten, dazugehörenden Radiosendern und einigen Tageszeitungen ausgewogen sowie umfassend informiert und sehr wohl unterhalten fühle. Ich glaube nichtsdestotrotz, dass wir uns viel mehr darüber Gedanken machen sollten, wer im Groben und Ganzen die Macht über unsere Wahrnehmung hat. Selbstverständlich ziehe ich in keiner Weise einen Vergleich zwischen z.B. China und Russland auf der einen und Deutschland auf der anderen Seite. Achten wir nur einfach darauf, wer uns vielleicht wie in welche Richtung lenken will. Verstehen Sie dies bitte auch nicht als Aufforderung zum Boykott unserer Medien. Nein, bleiben wir schlicht wachsam. Beispielhaft würde ich gerne noch die Medien der USA anführen. Was sich z.B. im letzten Präsidentschaftswahlkampf bei verschiedenen Sendern und Tageszeitungen sowie in den sozialen Medien abgespielt hat, kann man auf keinen Fall als normal durchgehen lassen. Es als einseitige Propaganda zu bezeichnen, wäre eine Verharmlosung sondergleichen. Können die Verantwortlichen gar nicht mehr zwischen „moralisch noch vertretbar" und „absolut jeder Ethik widersprechend" unterscheiden? Gibt es ein Niemandsland, in dem jeder lügen und beleidigen darf, wie es ihm, seiner Gesinnung und seinem Portemonnaie gefällt? Es ist absurd. Im Übrigen genauso wie die Farce in den Fernsehdebatten der Präsidentschaftskandidaten. Abschließend mein Eingeständnis: Mein Fernsehkonsum war und ist viel zu hoch.

## Fußball

Ein Spiel von vielen im Bereich des Sports darf oder muss als Beispiel herhalten, um folgende Sprüche zu hinterfragen: „Zweiundzwanzig Idioten wollen ein rundes Leder in entgegengesetzte Richtungen befördern." und „Warum nehmen die nicht ein paar mehr, und einigen sich auf ein Ziel?" Was war der ursprüngliche Gedanke der Erfinder dieses Spiels? Ging es vielleicht nur um einen spielerischen Zeitvertreib? Dass heute im gigantischen Fußballgeschäft Millionen-, wenn nicht schon Milliardensummen fließen, sollte zu was führen? Dazu, dass alle Begeisterten vom Spiel ablassen? Dazu, dass wir den eigentlichen Sinn vom „Fuppes" vergessen? Wäre es nicht klüger, beides nicht zuzulassen? Müssen wir akzeptieren, dass dieser Sport im Spiegelbild unserer Gesellschaft zu einem reinen Wirtschaftsfaktor verkommt? Natürlich müssen wir beim Fußball, genauso wie in allen anderen Lebensbereichen, weiter daran arbeiten, dass das jeweilige Drumherum entschleunigt wird. Schlussendlich bleibt nicht nur der Deutschen liebstes Spiel eben ein Spiel, das zumindest mir und meinem älteren Sohn niemand kaputt macht, oder gar vollständig nimmt. In diesem Zusammenhang danke an alle, die mit Vehemenz, aber auf jeden Fall friedlich daran arbeiten, dass der Zeitvertreib mit der „Pille" weiterhin auch als einfaches Spiel wahrgenommen werden kann. Im heutigen Fußball gibt es Auswüchse sprachlicher Gewalt, die, wie schon festgestellt, im normalen Leben ebenso vorkommen. In diesem Big Business werden von Offiziellen, aber auch von Spielern diese sprachlichen Entgleisungen verharmlost, weil Emotionen halt dazu gehören. Schlussfolgernd muss ich also festhalten, dass innerhalb der Fußball-Blase Beleidigungen von Zuschauern, Spielern oder sonstigen Offiziellen zu tolerieren sind. Sollten die Menschen in dieser eigenen Welt nicht besser einen Ausweg suchen, um die teilweise vorhandene, offensichtliche Rechtsfreiheit, zumindest jedoch die moralische Fehlentwicklung zu stoppen? Zum heutigen Fußball gehört außerdem, dass auf dem Platz schauspielerische Einlagen geduldet werden, die preisverdächtig erscheinen. Unerträglich, diese Wälzerei, Schreierei, Spuckerei, Zeitschinderei usw.

Zwei, sagen wir mal, Ungereimtheiten möchte ich bei diesem Thema nicht unerwähnt lassen. Spieler werden für in der Regel viel „Money" von Verein zu Verein transferiert. Fans gefällt es zumeist, wenn sich ihr Verein mit guten Spielern verstärkt. Verlässt ein Spieler allerdings den vom Fan geliebten Verein, ist er ein Judas und wird bei der Rückkehr ins Stadion des abgebenden Clubs gnadenlos niedergemacht. Das verstehe ich nicht. Woher kamen die Spieler, die jetzt für den geliebten Verein spielen? Doch entweder aus der eigenen Jugend (viel zu selten!) oder dann doch von irgendeinem anderen Verein. Also, Spieler wechseln in der Regel aus persönlichen Gründen im heutigen Fußball-Wahnsinn Vereine. Wäre es dann nicht logisch, entweder diese Gegebenheit generell, also auch dann, wenn ein Spieler meinen Club verlässt, zu akzeptieren, oder sich pauschal gegen den ausufernden Fußball-Irrsinn zu stellen, also auch dann, wenn ein Spieler für viel Knete zum eigenen Club wechseln soll? Darüber hinaus finde ich es bemerkenswert, wie z. B. eingefleischte Fans von Borussia Dortmund es schaffen, einem Club wie Bayern München zu unterstellen, die würden ja nur mit so viel mehr Geld so erfolgreich sein können. Hierzu habe ich eine Frage: Wenn ein Spieler für, sagen wir mal, 50.000.000 € vom BVB zu den Bajuwaren wechselt, ist das zweifellos irre. Wechselt ein Spieler von z. B. Borussia Mönchengladbach für z. B. 20.000.000 € zum Revierklub nach Dortmund, ist das dann nicht irre? Wo liegt die Grenze? Ab wann kann man sagen, das Ganze ist irrational? Bayern München macht einen Umsatz von x €, die Borussia aus Dortmund y € und die Borussia vom Niederrhein z €. Wenn x mehr als y ist und y mehr als z, ist dann der Unterschied zwischen x und y verwerflich und der zwischen y und z nicht? Mit ein bisschen Verstand und unter Berücksichtigung der Tatsache, dass sich die freie Marktwirtschaft auch im Bereich des Fußballs nicht mal eben so aushebeln lässt, müssten wir alle diese Frage beantworten können. Ja, ich bin als Kritiker des Turbokapitalismus mindestens Sympathisant des Münchener Schickeria-Clubs. Allerdings distanziere ich mich ausdrücklich von der Zusammenarbeit des Vereins mit einem speziellen Sponsor. Diese Allianz (ein Insiderwitz, die Versicherung ist nicht gemeint) ist verwerflich und für mich völlig unverständlich. Trotzdem kann ich das rein auf den Fußball bezogene Wirken des erfolgreichsten deutschen Clubs nach wie vor einigermaßen, aber mit nicht mehr ganz so reinem Gewissen gutheißen. Wie ist das möglich? Sollte ich nicht besser Fan des SC Freiburg, einem für viele als Vorzeigeclub dienender Verein, sein? Vielleicht können wir uns darauf einigen, dass es falsch ist, einen einzelnen Fußballverein für exzessive Auswüchse des in unserer Welt überall präsenten Geldwahnsinns verantwortlich zu machen. Der Lieblingssport eines großen Teils der Erdbevölkerung ist kolossal, aber dennoch klein und unbedeutend. Er ist fast schon hoffnungslos überladen, aber andererseits einfach geil.

## Sport

Sport wird entweder zur eigenen körperlichen Ertüchtigung, zur reinen Unterhaltung bzw. Beschäftigung, zur Austragung eines Wettbewerbs oder auch zu einer Kombination der zwei oder drei Möglichkeiten ausgeübt. Der Wettbewerb nimmt einen sehr großen Teil in unserer heutigen Gesellschaft ein. Was steckt dahinter? Ist es nur das Messen mit anderen sportlich Gleichgesinnten? Ist der Wille zum Sieg entscheidend? Das muss nicht so sein, ist aber sehr häufig der Fall. Was passiert am Ende eines Wettbewerbs? Es gibt einen oder mehrere Sieger, der/die sich in der Regel freut/freuen, und es gibt einen oder mehrere Verlierer, der/die es sich gefallen lassen muss/müssen, bemitleidet, vielleicht auch in seiner/ihrer Einsamkeit ignoriert oder gar lächerlich gemacht zu werden. Freud und Leid lassen sich wohl in keiner Weise gegeneinander aufrechnen. Wir alle wissen, dass es schlechte Verlierer gibt, also z. B. Sportler, die nach einer Niederlage ihre Trauer und ihre Wut nicht im Griff haben. Genauso gibt es andererseits schlechte Gewinner, also solche, die sich über die Verlierer lustig machen, sie in ihrer Wut oder Trauer „bestärken" oder sie eben schlicht missachten. Leider war ich in meinem Leben schon oft schlechter Verlierer; und es gibt Menschen, die würden behaupten, dass ich im sehr selten eingetretenen Fall eines eigenen Sieges der so ziemlich mieseste Gewinner war. Rücksichtnahme sollte ebenso im Sport oberstes Gebot sein. Das gilt im Übrigen auch für die Kommentatoren und Berichterstatter, die in ihrer Sprache das ein oder andere Mal weit über das Ziel hinausschießen. Wie beim Fußball schon geschrieben, ist der Sport letztlich nur ein Spiegelbild unserer Gesellschaft. Im normalen Leben gibt es ebenfalls tagtäglich Gewinner und Verlierer. Muss auch im Sport die Auseinandersetzung im Vordergrund stehen?

Beobachtet man den Sport weltweit, bleibt was beim Blick auf die großen Schlagzeilen haften? Wer hat wann, wo, wobei und warum gewonnen, ist wohl ein Beispiel. Leider könnte aber auch die Frage im Raum stehen, wer hat mit welchen Dopingmitteln am besten beschissen, und wer hat welche Unsummen für eine der Menschheit wenig dienende Leistung bekommen? Diese zentralen Fragen beschäftigen uns leider schon seit Jahrzehnten immer mehr. Woran liegt das? An immer weiter, immer höher, immer schneller? Liegt es an unserem Konsumwahn? Wollen wir z. B. die Tour de France in ihrer heutigen extremen Form beibehalten? Oder reicht es uns, ein paar wenigen Fahrern zuzuschauen, wie sie sechs Etappen à 50 km bergab auf perfekt gepflastertem Untergrund von Dijon nach Paris juckeln? Und wenn es uns tatsächlich reichen würde, wie viel Prämie wäre der Sieg wert? Reicht es uns, den Ultraman-Triathlon auf Hawaii in Form einer Staffel, einer schwimmt einen Kilometer, einer fährt 20 km (Elektro-)Rad und einer läuft fünf Kilometer, zu beobachten? Und könnte nicht dann sogar die Staffel den Siegerpokal erhalten, die es geschafft hat, ohne anzuhalten am längsten unterwegs zu sein? Ich befürchte, wir wollen alles immer exaltierter. Und genau darum wird es auch so weitergehen, mit Doping, mit enorm hohen Siegprämien, mit dem übermäßigen Hochjubeln der Sieger und mit dem unehrlichen Bedauern für die Verlierer. Wie kann ich dem entkommen? Ich glaube, jeder muss hier seine eigene Entschleunigung finden. Je mehr von uns es schaffen, sich zumindest teilweise dem Sportwahn zu entziehen, und je mehr es schaffen, sich statt dem Sport der anderen mehr dem eigenen zu widmen, desto eher werden wir den Sport wieder als das wahrnehmen, was er sein sollte, nämlich eine spielerische, bestenfalls auch der eigenen Gesundheit dienende (Freizeit-)Beschäftigung. Und das kommt von einem, der samt Sohn dem Fußball ziemlich verfallen ist. Aber ich werde weiter versuchen, das ganze Drumherum wirklich nur noch als völlig unnötiges Brimborium wahrzunehmen und entsprechend zu bewerten.

Wann ist man ein guter Sportler? In der Regel sollte es so sein, dass Talent und Training des Körpers über Sieg und Niederlage entscheiden. Klar ist, dass es z.B. einen Weltklassetennisspieler ohne Begabung und Trainingseifer nicht geben kann. Aber ist nicht die Fähigkeit, unter Druck mental richtig handeln zu können, unabdingbar? Was nützen einem übergroßes Talent und Trainingsbesessenheit, wenn im entscheidenden Augenblick der Kopf nicht mitspielt? Und wird die Frage, ob jemand bei allerhöchster Aufmerksamkeit und Anspannung klug agieren kann, nicht umso elementarer, wenn Prestige und Preisgeld überdimensionale Sphären erreichen? Die Kombination aus Talent, absolutem Trainings- und Siegeswillen sowie mentaler Stärke macht wohl die/den perfekten Sportler aus. Ich halte hierzu abschließend ganz schlicht fest: Je höher die Aufmerksamkeit, je höher die Siegprämie, je tiefer der mögliche Absturz, desto klarer wird, Siegerpokale gehen nicht immer an die besten ihrer Sportart, sondern oftmals an die, die dem Druck am ehesten standhalten können. Dies gilt sowohl für Einzelsportler als auch für Mannschaftssportler. Vernehmen Sie hier Kritik meinerseits? Ja, die sollten sie hören. Zu meiner Schande muss ich jedoch auch gestehen, dass ich gerade die Sportler am meisten bewundere, die es schaffen, unter höchster Belastung und bei immensem Druck cool bleiben zu können. Wieder mal eine geradezu schizophrene Haltung. Auf der einen Seite „immer mehr und immer größer" anprangern, auf der anderen Seite aber dann Hochachtung vor denen empfinden, die gerade davon profitieren. Ich verstehe mich nicht immer, versuche es allerdings.

# Religion

Es gibt Millionen, wenn nicht Milliarden Menschen, die sich teilweise entspannt, teilweise aber auch fanatisch einem Glauben hingeben. Im Laufe der letzten Jahrtausende wurde sichtbar, dass insbesondere fanatische Anhänger verschiedener Glaubensrichtungen bereit waren, Kriege im Namen ihrer jeweiligen Religion anzuzetteln und zu führen. Dies ist heute noch genauso. Wie kann man dem Einhalt gebieten? Diese Frage wurde schon über zig Generationen unbeantwortet gelassen. Wirklich abschließende, allgemein gültige Lösungen wurden also meines Wissens nicht gefunden. Da ich nun zwar keine endgültigen Antworten, dann aber doch wenigstens einfache Sichtweisen zu bieten habe, versuche ich es mal wie folgt: Stellen wir uns einen komplett abgeschlossenen Raum vor. In diesem Raum werden, sagen wir mal, für eine Woche so viele Geistliche, wie es Glaubensrichtungen gibt, eingesperrt. Jeder Glaube ist nur einmal vertreten. Da wären also z. B. ein Moslem, ein Hindu, ein Buddhist, ein Jude, ein Katholik, ein Protestant usw. (kleinere Religionen und Sekten lassen wir mal außen vor). Der Papst und die anderen Oberhäupter der jeweiligen Weltanschauungen werden beim Einschließen in diesen Raum darauf hingewiesen, dass sie erst wieder herauskommen können, wenn sie sich in allen zu klärenden Punkten, die ich nachfolgend noch anführe, einigen. Verständigen sie sich nicht abschließend, kommt es nach Wiederöffnen des Raumes nicht zum Urknall, sondern zum Endknall, dem Untergang unseres Kosmos, dem unwiderruflichen Ende. So simpel kann man es sich mit ein bisschen Vorstellungskraft ausmalen. Die zu klärenden Punkte sind: 1. Gibt es im Falle einer Einigung nach Verlassen des Raumes eine oder mehrere den anderen übergeordnete Religionen? Wenn ja, welche? 2. Müssen sich dann alle dieser Glaubenslehre „unterwerfen"?

3. Wer wird dann wie die religiösen Vorgaben vermitteln? 4. Wird die Menschheit außerhalb des Raumes das Ergebnis hinnehmen, ohne Krieg zu führen? 5. Schafft es ein Geistlicher im Raum tatsächlich mit Überzeugungskraft, die anderen von seinem Glauben zu überzeugen? 6. Gibt es bei den verschiedenen Glaubensrichtungen genügend Überschneidungen, um in einer gemeinsamen Religion zusammenfinden zu können? 7. Wäre eine von allen getragene Religion gefährlich? Und 8. Kann der Glaube dem Wissen übergeordnet sein? Mir drängen sich zwei Vermutungen auf: 1. Bevor es zum schlimmstmöglichen Szenario kommt, werden sich die Geistlichen auf irgendeinen Kompromiss einigen. Und 2. Die Menschheit draußen wird froh darüber sein. Jetzt frage ich ganz einfach: Warum kann eine Übereinkunft nicht ohne Druck bzw. Androhung eines Horrorszenarios gefunden werden? Auf dieser Erde leben ein paar mehr Erdgeschöpfe, als es Anführer von Glaubensrichtungen gibt; eine Einigung ist schon aus diesem Grund etwas komplizierter. Eine Übereinkunft unter zehn Personen zu finden, ist leichter als unter 100, und unter 1.000 leichter als unter 1.000.000 usw. Ich frage mich trotzdem, was uns daran hindert, ständig nach Kompromissen zu suchen. Schlussendlich bleibt nur eine Lösung: Sperrt zehn, oder wie viel auch immer, Geistliche in einen Raum und prophezeit die Apokalypse; Problem gelöst.

Ich muss gestehen, frei von jedem religiösen Glauben zu leben. Auch viele von Ihnen lehnen Götter jedweder Art ab, oder nutzen sie nur, um die eigene Phantasie zu beflügeln. Ich bin auf dem Papier katholisch und werde es trotz meiner Ungläubigkeit vielleicht sogar bis zum Lebensende bleiben. Klar ist, dass unglaublich brutale und verwerfliche Verbrechen im Namen und in der Katholischen Kirche verübt wurden. Weiterhin Kirchensteuer zu zahlen, könnte unsinnig sein. Wahrscheinlich wären die Gelder bei anderen Institutionen wie Greenpeace, Amnesty International oder der Krebshilfe besser aufgehoben. Es gibt halt Konstellationen, bei denen Rationalität und Emotionalität nur schwer zueinanderfinden.

## Frau und Mann

Was unterscheidet die Frau vom Mann? Bei ihm hängt, sagen wir mal meistens, etwas von Geburt an, bei ihr eventuell erst altersbedingt. Allerdings ist das mit dem Hängen beim Mann im Alter oft andauernder, vielleicht sogar unwiderruflich, während bei der Frau der Hang, sich wegen des Dauerhängers beim Mann erhängen zu wollen, zunimmt. So banal und despektierlich könnte man den Unterschied bezeichnen. Aber es gibt wohl andere Unterschiede, deren Durchleuchten sinniger wäre. Niemand kann abschließend und mit 100-prozentiger Sicherheit sagen, warum wir heute so sind, wie wir sind. Weil dies in meiner schlichten Sichtweise mittlerweile bei allem, was dazu von Philosophen oder sonstigen Gelehrten bereits gesagt oder geschrieben wurde, klar ist, kann die Schlussfolgerung nur lauten: Millionen Jahre zurückzudenken, bringt uns nicht mehr weiter. Stand heute ist es sinnig, die Menschen so zu nehmen, wie sie sich im Laufe der Zeit entwickelt haben. Dass alle das gleiche Recht auf alles, ob mit oder ohne Hänger, haben, ist nicht schlüssig zu widerlegen. Ob eine Frau etwas besser als ein Mann kann oder umgekehrt, ändert überhaupt nichts am gleichen Recht für jeden. Wäre das falsch, müsste man komplizierten Überlegungen folgen. Ich muss feststellen, nicht in der Lage zu sein, solche Gedanken zu finden, oder sie dann, wenn sie durch andere angeblich gefunden wurden, nachvollziehen zu können.

Die Frage, ob Mann und Frau geeignet sind, um monogam zusammenzuleben, ist wohl auch nicht abschließend zu klären. Hier sollte jeder, wie er meint, verfahren. Dass es zu Unstimmigkeiten zwischen den Geschlechtern kommen kann, liegt in der Natur der Sache. Manchmal wollen Männer oder Frauen vieles gleichzeitig; da fehlt es dann oft beim Partner an Verständnis. Passiert halt, und wäre wohl nur unter Zwang und absoluter Kontrolle übergeordneter Kräfte änderbar. Wer will das? Ich nicht. Was ist jetzt die einfache Quintessenz? Machen wir uns keine Gedanken über die Unterschiede der Geschlechter, genießen wir lieber die Unabänderlichkeit der von wem oder was, warum auch immer vorgegebenen Realitäten. Im Übrigen bin ich in diesem Zusammenhang froh, dass die Natur in ihrer grenzenlosen Phantasie völlig andere Lebensformen als die zwischen Mann und Frau zulässt. Es gibt unzählige Klischees über Männer und Frauen. Männer wollen immer nur das Eine, wäre so eins. Ein anderes: Frauen können sich nicht entscheiden, ob sie lieber den ganz harten Kerl oder doch lieber den verständnis- und liebevollen Schmusebär haben wollen. Beides in einer Person ist selten im Angebot. Egal welches Vorurteil wir auch bedienen, dass Frau und Mann sehr unterschiedlich sind, dürfte, und das bekräftige ich hier gerne nochmal, feststehen. Wozu diese Unterschiede führen, positiv wie negativ, lässt sich bei der Entstehung von heterogenen Beziehungen genauso wenig vorhersagen wie bei homosexuellen. Ist es nicht auch gut so? Im Übrigen sei hier kurz angemerkt, dass ich prädestiniert bin, speziell über die Beziehung zwischen Frau und Mann zu philosophieren, da ich zweimal geschieden bin. Und noch ein Eingeständnis: Wenn ich doch so sehr an die Emanzipation von Frau und Mann glaube, warum benutze ich dann in diesem Buch nicht die Gendersprache? Ich habe keine gute Antwort parat. Wahrscheinlich wollte ich es mir beim Schreiben und Ihnen beim Lesen nur einfacher machen.

## Sex

Wie nähere ich mich diesem Thema, um nicht schon, wie bei den ersten Sätzen zu „Mann und Frau", ins Frivole und Lächerliche abzugleiten? Keine Ahnung, es wird mir wohl eh nicht vollumfänglich gelingen. Dass Sex Grundlage für die Zeugung unserer Kinder war und ist, steht fest, Retortenbabys mal ausgenommen. Ebenfalls sicher ist, dass der Spaß an Erotik sehr unterschiedlich ausgeprägt ist. Dies kann verschiedenste Ursachen haben. Die obersten Grundsätze bei der Ausübung sexueller Aktivitäten sollten Freiwilligkeit und Einvernehmlichkeit sein. In meiner Wahrnehmung sollte es ausreichen, dass Vorgenannte zu wissen und zu leben. Leider war und ist es so, dass Menschen das genannte Selbstverständliche missachten. Es gibt Gesetze und Strafen werden ausgesprochen, wenn Menschen sexuell „übergriffig" werden. So weit so gut; aber wie komme ich jetzt zu einer schlichten Wahrheit, die Ihnen nicht sowieso schon tagtäglich bewusst ist? Ich glaube, dass Erotik religiös oder auch ohne religiösen Hintergrund einfach nur als Zeugungsvorgang betrachtet werden kann. Sex wird oft monogam, manchmal aber auch eher polygam ausgeübt. Wie man Sex auch immer betrachtet, ich bin der festen Überzeugung, dass er die vielleicht schönste „Nebensache" dieser Welt sein kann. Das unterschiedliche Ausleben oder eben Nicht-Ausleben vom dreibuchstabigen, unser Leben so oder so mehr oder weniger beeinflussenden zwischenmenschlichem Tun, sollte von jedermann verinnerlicht und akzeptiert werden. Ein erotisch ausschweifendes, nicht auf eine Person bezogenes Leben zu führen, muss nicht zwangsläufig verwerflich sein, genauso wie ein asexuelles Leben nicht unsinnig sein muss. Wenn wir z. B. einen katholischen Priester und eine/n Nymphomanen/in für einen langen Zeitraum zusammen mit allem Lebensnotwendigen einsperren, was würde passieren? Würde der Priester den/die sexuell Aktive/n bekehren, und die beiden würden enthaltsam leben, oder würde der/die Nymphoman/in den Geistlichen inspirieren und die beiden würden …, bis der Arzt kommt? Mal abgesehen davon, dass der Arzt ja vielleicht gar keinen Einlass finden würde, wäre mir die Antwort komplett egal. Sollen sie es machen, wie sie wollen. Wenn Sie jetzt sagen, dass es bei meinem Beispiel zu gewalttätigen Auseinandersetzungen kommen kann, muss ich Ihnen eine simple Antwort geben: Ja, das kann passieren. Aber muss dann zwangsläufig der Sex schuld sein? Ich denke, nein; vielmehr ist der Mensch mit all seinen Stärken und in diesem Fall dann vielleicht überwiegenden Schwächen vordergründig schuld; und zwar unabhängig vom hintergründigen und vielleicht nur als Aufhänger genutzten Sex. Lassen wir Erotik das sein, was sie ist: Toll oder zumindest nicht störend. Überborden wir Sex nicht mit Gründen für negative Auswüchse! Ein nicht jugendfreies Gedicht, frei nach Wilhelm Busch und Heinz Erhardt:

Es war einmal ein Esel;
er hieß Paul und lebte in Wesel.
Geschrieben steht hier,
es gab Ziegen, und zwar vier.
Paul liebte alle Tiere,
auch schon mal gleich viere.
Die Ziegen dachten sich,
uns bekommt er nimmer nich'.
Da ging der Paule in der Nacht,
es war so 3, 4 Stunden vor acht,
hin zu den Ziegen in den Stall,
und nahm sie alle, Knall auf Fall.
Jetzt waren alle seine Frauen,
da kamen schon die Sauen.
Sie grunzten ganz laut,
letztlich wurde jede des Esels Braut.
So geht's nicht weiter,
noch fanden's die Hennen heiter.

Der Paul, der wollte immer mehr,
schon war er hinter den Hennen her.
Er legte eine nach der anderen flach,
bald hatte er sie unter Dach und Fach.
Die Stuten, die ahnten schon,
so leicht kommen wir wohl nicht davon.
Der Paul trieb es mit allen Tieren,
zum Schluss kroch er auf seinen Vieren.
Die Katze bat er letztlich still und leise
„Lass es uns tun auf vorsichtige Weise.
Ich kann mich kaum noch halten,
doch muss ich meines Amtes walten."
Die Katze hatte keine Chance,
sie verlor schon die Balance;
da kam aus einer offenen Türe
der Kater mit gutem Gespüre.
Er sah den Paul
und haute ihm auf's Maul.
Die Moral von der Geschicht':
Übertreib es besser nicht.

## Politik

Was erwartet man von einem Politiker? Diese Frage kann sehr unterschiedlich beantwortet werden. Meine einfache Sichtweise ist, dass ein gewählter Politiker unmöglich das nötige Fachwissen haben kann, um alle Probleme dieser Welt zu lösen. Bestenfalls kann er in ein oder zwei Fachgebieten ausreichend Bescheid wissen. Sollten wir Politiker nicht mehr als Politmoderatoren betrachten, die eigentliche Arbeit aber von sachkundigen Leuten verrichten lassen? Könnten nicht z. B. auch Wissenschaftler eigene Entscheidungen öffentlich kundtun? Ich denke, ein Großteil der Menschheit möchte, so wie es mehr oder weniger immer war, starke Persönlichkeiten in Führungspositionen sehen. Wie müssen diese dann gestrickt sein? Charismatisch, freundlich, sympathisch, intelligent, weitsichtig denkend und handelnd, ausgeglichen, ruhig und dennoch bestimmend, gelassen und trotzdem energisch, und nicht zuletzt auch noch gutaussehend. Hohe Anforderungen, meines Erachtens viel zu hohe. Selbst bei einzelnen Politikern, denen wir grundsätzlich Augenmaß und Verantwortungsgefühl unterstellen, wage ich zu behaupten, dass deren Augenmaß allein nicht weitsichtig genug war und ist, und dass deren Verantwortungsgefühl allein nicht tief genug ging bzw. geht. Warum verteilen wir unsere Anforderungen an Politiker nicht auf mehrere Schultern? Die Gefahr von Abhängigkeiten würde sinken. Wen oder was sollte man wählen, Personen oder Ideologien? Ich meine zweiteres. Wenn ich eine Partei wähle, finde aber keine Person, die das Parteiprogramm gut verkaufen kann, wähle ich dann eine andere Partei, deren Ideologie mir eigentlich völlig gegen den Strich geht? Nein, das sollte nicht sein, passiert jedoch immer wieder. Viele Erdenbürger neigen zu Personenkult. Wohin das führt, hat die Geschichte mehr als ausreichend gelehrt. Mein simpler Vorschlag lautet wie folgt: Gewählt werden Parteien, die anschließend Moderatoren auswählen, um die von Fachleuten geleistete Arbeit gemeinsam mit diesen Experten zu vermitteln. Entscheidungsträger wären die von der Partei ausgewählten Spitzen (z. B. 50% Fachleute, 50% Politmoderatoren, bestenfalls auch 50% Frauen und 50% Männer). Bei Koalitionen wird dann ähnlich verfahren. Ich finde es geradezu unerträglich, dass Ministerien von Politikern geleitet werden, die bis zu ihrer Ernennung keine Ahnung von der Materie hatten. Diese Postenschacherei ist nur in unserem bisherigen System möglich.

Ich gebe zu, Politik interessiert mich sehr, und darum widme ich mich ihr jetzt noch ein wenig länger. Wann darf man sich als politisch gebildet bezeichnen? Reicht es aus, die Namen einflussreicher Politiker auf dem Schirm zu haben? Ist es wichtig, Daten wichtiger politischer Ereignisse auswendig gelernt zu haben? Muss man das Talkshowgequatsche und -gezanke prominenter Politiker verfolgt haben? Ich denke nein. Politische Bildung entsteht meines Erachtens dann, wenn man sich mit den Ursprüngen und den Folgen verschiedenster politischer Denkansätze beschäftigt. Es ist wohl ein Unterschied, Kommunismus oder Kapitalismus zu bevorzugen. In meinem „verschwurbelten" Gehirn wäre allerdings eine Kombination aus beidem denkbar. Und schon bin ich wieder bei der Personalisierung. Mir ist es nämlich komplett egal, ob der Vertreter der einen Ideologie redegewandter, sympathischer, jünger, älter, kleiner oder größer ist als der der anderen. Ein Unterschied sollte es wiederum sein, ob der jeweilige Vertreter fest in seiner Überzeugung erscheint. Ich gebe zu, dass es selbstverständlich einfacher ist, eine politische Anschauung von einem smarten und sympathischen Vertreter verkaufen zu lassen, als von einem, der in den Augen der zu Überzeugenden genauso gut den Kindermörder im nächsten Tatort spielen könnte. Aber machen wir es uns nicht zu leicht (Das von mir in diesem Buch!), indem wir uns von der Ausstrahlung einzelner Personen eher überzeugen lassen, als von dem, was hinter dem Gesagten steht. Sich von der subjektiven, kurzfristig verfassten, oftmals bei näherem Hinschauen zu revidierenden Meinung über

Individuen, die man persönlich gar nicht kennt, die man nur in ihrer in Medien gespielten Rolle wahrnimmt, in eine Richtung lenken zu lassen, halte ich für fragwürdig. Machen wir uns doch vielmehr die Mühe, die politischen Fakten und die daraus resultierenden Konsequenzen zu betrachten. Ich gestehe uns allen zu, dass es mühseliger ist, als Personenkult zu betreiben; aber es ist im Sinne der Gestaltung einer sinnvollen Zukunft lohnenswert. Wo liegt jetzt die Vereinfachung? Es ist meines Erachtens simpel, festzustellen, dass Klugheit, Weitsichtigkeit und Güte an sich wichtiger sind als die diese Tugenden nur transportierenden Menschen. Also, Fakt ist: Ein kluger Satz wird nicht automatisch dumm, wenn er von einem Einfaltspinsel ausgesprochen wurde; und ausgesprochener Blödsinn wird auch nicht klug, wenn er von einem Professor verzapft wurde. Ebenso bleiben Wahrheiten schlicht und ergreifend wahr, unabhängig davon, wer gesprochen hat. In unseren Zeiten ist es umgekehrt zudem wichtig, festzustellen, dass Lügen falsch und gefährlich sind, selbst wenn sie von angeblich oder von mir aus auch tatsächlich „wichtigen" Persönlichkeiten in die Welt hinausposaunt wurden. Möchten Sie Politiker sein? Möchten Sie ständiger Beobachtung ausgesetzt sein? Möchten Sie hohe Verantwortung für viele Mitbürger auf Ihren Schultern tragen? Möchten Sie bei schon kleinstem Fehlverhalten als Sau durchs Dorf getrieben werden? Möchten Sie im ständigen Streit mit politisch Andersdenkenden liegen? Wie schon einmal in einem anderen Zusammenhang geschrieben, der Mensch ist fehlbar und wird es immer bleiben. Macht korrumpiert sehr häufig. Allein Machtgier zu besitzen, sollte doch bereits hellhörig machen. Warum will man Macht ausüben? Und wie groß ist die Gefahr, diese zu missbrauchen? All das versuchen wir uns bewusst zu machen, und dennoch wundern wir uns über Menschen, die Politiker werden wollen, dann sind und später als solche Mist bauen. Hören wir auf, uns zu wundern. Passen wir lieber auf, dass Macht auf möglichst viele Schultern verteilt wird.

Ich möchte noch feststellen, dass es in unserer heutigen Zeit bei derartigen Herausforderungen (u. a. Klimawandel) nicht reicht,

Politik im Verwaltungsmodus, also z. B. Symbolpolitik, zu betreiben. Es kann nicht weitsichtig sinnvoll sein, immer nur dafür zu sorgen, dass das gerade immer aktuellste Problem mit einem kurzfristigen, lokalen Lösungsansatz angegangen wird. Ich denke, es ist zwingend notwendig, nach langfristigen und, vielleicht besonders deswegen, notwendigerweise einfach gedachten Lösungen zu fahnden. Und wenn es introvertierte, aber sachlich versierte Politiker bzw. Politmoderatoren sind, die uns entscheidend begleiten, hielte ich es zumindest nicht für schlechter, als wenn es extrovertierte Wichtigtuer und Blender wären. Ich möchte zu diesem Thema zweierlei abschließend anführen: Ich danke allen Politikern und sonstigen für das Gemeinwohl tätigen Personen, auch denen, die auf kommunaler Ebene in manchmal aufreibendster Sisyphusarbeit oftmals nur in ganz kleinen Schritten vorankommen können. Leider muss ich jedoch ebenfalls gestehen, mich nie selbst an einer solchen Aufgabe beteiligt zu haben.

## Europa/Brexit

Ich bin zwar, wie schon erwähnt, politisch sehr interessiert, aber ich vermag nicht abschließend zu schreiben, wer, wann, wie und warum die Idee zu einem vereinigten Europa hatte. Ich glaube aber zu wissen, dass nur ein vereintes Europa in der Lage ist, in dieser globalisierten Welt gegen die, besser mit den großen Player/n (USA, China, Russland) und auch mit den/gegen die unaufhaltsam wachsenden Schwellenländer/n (Indien usw.) bestehen zu können. Der Versuch, Europa zu vereinen, ist aller Ehren wert. Aber viele Beispiele führen uns vor Augen, dass es sehr schwer ist. Spätestens der Brexit zeigt dies nochmal krass. Ich habe in den letzten Jahren wahrgenommen, dass die Beschwerden auf beiden Seiten sich vorwiegend auf die wirtschaftlichen Belange bezogen haben und noch immer beziehen. Dies stört mich gewaltig. Ich behaupte jetzt mal, dass sich bis auf ganz wenige Ausnahmen, die dann nur die Regel bestätigen, der wirtschaftliche Schaden in Grenzen halten wird. Da, wo in unserer westlichen zivilisierten Welt Geld und Menschen, die solches besitzen wollen, im Spiel sind, werden in aller Regel Lösungen, die ansatzweise alle wirtschaftlich Handelnden zufrieden stellen können, gefunden. Ich würde wetten wollen, dass nach den pekuniären Belangen in 10–20 Jahren kein Hahn mehr kräht. Dies habe ich im Übrigen schon zu Beginn des drohenden Brexits gesagt.

Aber um zum Punkt zu kommen: Politisch gesehen ist der Brexit eine Katastrophe. Er deckt viele Dinge auf, die aus dem Ruder laufen. Wirtschaft vor Politik, Nationalismus vor Gemeinschaftslösungen, kurzfristiges Denken vor Weitsicht und Stärke zeigen vor Moral, all das steckt im Brexit. Und all das muss im Vordergrund stehen, um aufzuzeigen, wo nicht nur das Problem zwischen Großbritannien und dem Rest Europas liegt, sondern zwischen allen europäischen Einzelstaaten. Ergibt es Sinn, Europa irgendwann als einen Staat zu begreifen? Ich denke schon, doch der Weg der EU in den letzten Jahren, wenn nicht schon Jahrzehnten, lässt mein Wunschdenken eigentlich in weite Ferne rücken. Wie können wir Europa trotz der Widrigkeiten retten? Habe ich auch hier eine einfache Antwort? Ich muss Sie enttäuschen, auch hier bleibe ich konsequent. Ein simpler Ansatz wäre es, genau das zu tun, was ich mit diesem Buch propagiere. Groß, aber heruntergebrochen, uneigennützig und finanzunabhängig ist Europa in eine positive Zukunft zu führen, nationalistisch sicher nicht. Glauben Ungarn, Polen, Großbritannien, die Slowakei oder wer sonst noch, allein besser, erfolgreicher und glücklicher bestehen zu können? Es sieht so aus. Vielleicht glauben diese Länder, hinter ihren eigenen Grenzen oder spätestens hinter den europäischen Außengrenzen hört die Welt auf. Okay, es gibt wohl ein paar andere Punkte, die man beleuchten müsste, wenn man aus der Geschichte heraus (Versailler Verträge, Warschauer Pakt u. Ä.) z.B. die Historie Ungarns und Polens beurteilen und deren heutiges Handeln erklären möchte. Ich weiß nicht, was wirklich in den Köpfen der regierenden Politiker vorgeht, aber die Zukunft wird diese Leute zur Verantwortung ziehen und darauf verweisen, dass man aus Geschichte lernen kann, soll und muss, aber dass man sie nicht für eigenwilliges, nicht nachvollziehbares und für den Frieden abträgliches Politisieren missbrauchen darf. Uns im schönen Deutschland muss andererseits auch klar sein, dass Überheblichkeit völlig deplatziert ist. Sollte es nicht so kommen, dass sich Europa wirklich eint, und sollten nationale Souveränitäten (weiterhin) die Oberhand gewinnen/behalten, wird sich unser Universum in einer Vielzahl von kleinen und großen Kriegen ergehen. Was da am Ende herauskommt, kann nicht erfreulich sein. Da ich jedoch ein grundsätzlich positiv gestimmter Mensch bin, werde ich an meinem Wunschdenken festhalten, und wortreich die Idee von den vereinten Nationen von Europa unterstützen. Es ist möglich, eigene Identitäten zu bewahren, und trotzdem beim Großen und Ganzen gemeinsam zu denken sowie zu handeln. Lassen wir es nicht zu, dass Nationalisten die Grundidee zerstören, und mit der Vernichtung vorhandener Gemeinsamkeiten eine schlichte nationalistische Wahrheit ans Licht bringen: „Jeder für sich in die Bedeutungslosigkeit" vor „Alle zusammen in eine segensreiche Zukunft". So schwer kann Geschichte doch nicht zu verstehen sein. Irgendwo habe ich mal gelesen, Europa soll der Motor für Wohlstand sein. Wer so denkt, wird Europa nicht einen, und unseren Kontinent auch nicht für die wesentlichen Aufgaben wappnen. Europa sollte nicht vorwiegend Wirtschaftsmotor sein, sondern eine Gemeinschaft zur Entwicklung, Wahrung und Verbreitung moralischer Werte. So wird ein Schuh draus. Fast alles zuvor von mir zu diesem Thema Geschriebene gilt meines Erachtens analog ebenso für die UNO. Sowie die EU muss gleichzeitig die Weltgemeinschaft immer weiter nach Kompromissen und Lösungen fahnden. Hören wir damit auf, werden unsere Kinder und Kindeskinder, vielleicht aber auch schon wir, ein böses Erwachen erleben.

## Krieg und Frieden

Hat jemand mal versucht, nachzuzählen, wie viele Kriege schon geführt wurden; also nur die zwischen mindestens zwei Staaten? Man könnte zusätzlich noch so viele andere zählen, bis hin zu den „Kleinkriegen", die wir tagtäglich ausfechten. Und da haben wir schon das Problem: In welchem Zusammenhang ist das Wort Krieg angemessen? Was bedeutet das Wort im ursprünglichen Sinn? Krieg ist ein organisierter und unter Einsatz erheblicher Mittel, mit Waffen und Gewalt ausgetragener Konflikt (vgl. Wikipedia). Vielleicht sollten wir es dabei belassen, nämlich Konflikte nur dann als Krieg bezeichnen, wenn alle Voraussetzungen im Sinne des Online-Lexikons erfüllt sind. In welchem Zusammenhang mittlerweile das martialische Wort genutzt wird, ist schon bemerkenswert. Einerseits führt das zu einer Übertreibung sondergleichen, und zum anderen ist es eine Verharmlosung des wirklichen Krieges. Die Menschen, die Krieg erleben mussten, werden bei der inflationären Nutzung des Wortes wenig Verständnis entwickeln. Okay, es gibt noch viele andere Beispiele für die Nutzung von Wörtern in Zusammenhängen, die mit des Wortes ursprünglicher Bedeutung nur noch wenig zu tun haben. Also alles doch nicht so schlimm? Doch, es ist schlimm. Das Wort Kriegsspielzeug ist z. B. für mich genauso wenig verständlich und moralisch vertretbar wie der Kommentar eines Fußballreporters an einem sonnigen Samstagnachmittag mit Blick auf eine spielerische Auseinandersetzung zwischen zwei verdammt gut bezahlten, in der Regel wohlbehüteten Mannschaften: „Da unten auf dem grünen Rasen herrscht geradezu Krieg". Was soll das? Haben wir jedes Maß verloren? Ja, wir! Ich zumindest habe Worte wie Klein- und Zickenkrieg sehr häufig benutzt. Hoffentlich werden uns diese widersinnigen Wortschöpfungen nicht irgendwann die Zunge verbrennen.

Kommen wir jetzt zum Frieden. Was schreibt Wikipedia? Heilsamer Zustand der Stille oder Ruhe sowie Abwesenheit von Störung oder Beunruhigung und besonders von Krieg. Können wir also schlicht festhalten, dass Frieden das Gegenteil von Krieg ist? Erstmal sollten wir es entgegen meiner eigentlichen Grundüberzeugung nicht ganz so simpel sehen. Frieden ist mehr als ein Gegenteil von martialischer Auseinandersetzung. Frieden dient als Ziel von vielem, vielleicht nicht von allem, aber fast. Schöpfungen im Zusammenhang mit dem Wort Frieden gibt es ebenso einige: Friedenspfeife, Burgfrieden oder auch die Phrase „Friede, Freude, Eierkuchen". Wirkliche verbale Fehlgriffe erkenne ich hier nicht. Worin würde die moralische Fehlleistung bestehen, wenn man z. B. die Friedenspfeife als Irrtum der (deutschen) Sprache bezeichnet? Wäre eine Verharmlosung im Spiel? Was würde verharmlost? Ist eine Wortschöpfung wie Friedenskrieg denkbar? Nein, wohl kaum; die Unterschiede der beiden Wortteile sind einfach zu groß.

Nach dieser im Sinnzusammenhang für die meisten selbstverständlichen, für mich aber notwendigen Einleitung, wage ich eine eigentlich auch logische Prognose: Der Mensch wird Kriege nicht immer verhindern können. Weltweite Einigkeit ist wohl tatsächlich eine Utopie. Unsere schon mal erwähnte Fehlbarkeit (Neid, Missgunst, Machtstreben, Gier, Geiz, Egoismus, Eitelkeit, Unnahbarkeit, fehlende Empathie usw.) wird stets auch zu Kriegen führen. Wie können wir erreichen, dass der Wille zum Frieden meistens gewinnt? Meine Überzeugung ist, dass wir uns die verschiedenen Ursachen aller bereits geführten Kriege, und der wahrscheinlich noch folgenden, immer wieder bewusst vor Augen führen müssen, so schmerzhaft, lästig und unbequem es auch sein mag. Nur die intensive Auseinandersetzung mit den Gründen für Gewaltausbrüche wird uns sowohl die Sinnlosigkeit als auch die langfristige Erfolglosigkeit so klar machen, dass wir uns nicht nur drei Mal, sondern Milliarden Mal überlegen, exzessive Gewalt zielführend einzusetzen. Wann darf man auf Gewalt mit eben solcher antworten? Wann muss man in einen von anderen aus niederen Beweggründen begonnenen Krieg eintreten? Mir fällt hierzu nur der Begriff der Notwehr ein.

Die ein bisschen Alten und die so richtig Alten unter uns erinnern sich noch an den Kalten Krieg, noch so eine aus meiner Sicht fast schon schizophrene Wortentgleisung. In den 1960er bis 1980er Jahren stand die Welt häufiger mal am nuklearen Abgrund. Die Kuba-Krise z.B. hätte dazu führen können, dass Teile der Erde dem Erdboden gleichgemacht werden. Übertreibung? Okay, wer weiß schon, was passiert wäre, wenn ein hoher Verantwortlicher kurz die Nerven verloren hätte. Fest steht, dass ein nicht offen gewalttätiger Konflikt über drei Jahrzehnte unser Universum an den Abgrund führen konnte, während zeitgleich der weit überwiegende Teil der Erdbevölkerung, zumindest in den gutbetuchten Regionen, fröhlich und relativ unbeschwert weitergelebt hat. Grausame, offen gewalttätig geführte Auseinandersetzungen wie etwa der 1. und 2. Weltkrieg hatten da auf die Beteiligten ganz andere Auswirkungen. Ist es also besser, Krieg im Verborgenen, aber immer auch bereit zum Allerletzten zu führen? Nein, dieser Vergleich ist genauso unsinnig wie die Wortschöpfungen rund um Krieg. Führen z.B. die USA heute einen (kalten) Krieg gegen China, einen Krieg, bei dem es vordergründig um die Vormachtstellung im Welthandel geht? Würde es sich bei dieser Frage, selbst ohne den Zusatz „kalten", schon um die gleiche von mir erwähnte Verharmlosung eines brutal ausgefochtenen Krieges handeln? Ich stelle wieder viele Fragen, um letztlich eine unkomplizierte Wahrheit aufzuzeigen: Wüssten wir z.B. über alle Aktivitäten der gerade genannten Weltmächte Bescheid, müssten wir uns wohl eingestehen, dass zumindest im für uns Verborgenen auch Gewalt ausgeübt wird. Passen wir auf, dass das Verborgene, im Sinne von Wikipedia noch nicht als Krieg für uns Sichtbare nicht irgendwann offensichtlich wird. Versuchen wir, mit allen uns zur Verfügung stehenden Mitteln zu mäßigen. Um Wasser auf die Mühlen derer zu geben, die mich schon seit einigen Seiten für einen ahnungslosen Moralapostel halten, gebe ich folgendes zu:

Ich habe den Wehrdienst aus Überzeugung nicht abgeleistet, bin aber froh, dass es Menschen gibt, die uns allen im Ernstfall beistehen. Kann ich jetzt noch ein Pazifist sein?

## Bildung

Diesen Bereich schlicht zu behandeln, könnte eine besondere Herausforderung darstellen. Wenn Sie denken, ich würde diesbezüglich kapitulieren, muss ich zugeben, kurz darüber nachgedacht zu haben. Meine einfache Vorstellung von einer Bildungsreform in Deutschland nur kurz anzureißen, ist mir im Sinne einer wirksamen Veranschaulichung zu wenig. Ich werde also beispielhaft, aber auch detailliert auf meine Vorstellungen eingehen. Ich merke nochmal an, dass der Versuch, ein Thema simpel zu behandeln, manchmal halt ebenso den Hinweis auf Einzelheiten beinhalten kann. Ihre Details werden sicherlich nicht identisch mit meinen sein. Sei es drum; auch hier gilt, Ihre Prioritäten müssen meinen nicht mal nahekommen. Dennoch könnte sich eine Übereinstimmung bei der Frage, ob eine große Bildungsreform insgesamt notwendig ist, ergeben. Vermitteln unsere Schulen nicht zu einem großen Teil für das spätere Leben völlig unnützes Wissen? An der bisherigen Struktur unnachgiebig festzuhalten, ohne die Erfahrungen der letzten 70 Jahre umzusetzen und auf neue Herausforderungen einzugehen, zeugt meines Erachtens von Sturheit und unsinnigem Konservativismus. Nehmen wir ein Beispiel: Rechnen lernen, im Kopf, mit dem Taschenrechner, in Prozent oder auch mit Zins und Zinseszins, dürfte für das spätere tägliche Leben nicht nur im beruflichen, sondern zusätzlich im privaten Bereich sinnvoll sein. Binomische Formeln, der Satz des Pythagoras, wer wird das für sein späteres privates oder berufliches Leben benötigen? Ausnahmen bestätigen die Regel. Hätte ich in der Schule besser aufgepasst, könnte ich jetzt noch viele Beispiele aus anderen Fächern geben. Ich war ein sehr schlechter Schüler. Die einen sagen, ich wäre faul gewesen, die anderen, meine Auffassungsgabe hätte höher sein dürfen. Beides ist wohl richtig. Ich war aber auf jeden Fall klug genug, um zu erkennen, dass so round about 50 % des eigentlich zu lernenden Unterrichtsstoffes für meinen späteren Werdegang überflüssig bis unnütz waren. Und dabei muss ja zudem noch festgehalten werden, dass ich von den 50 % die Hälfte gar nicht verstanden habe. Wow, was habe ich überhaupt gelernt? Logisches Denken, welches u. a. auch durch weiterführende Mathematik gefördert wird, ist absolut wichtig. Aber gibt es nicht weitere Möglichkeiten, unser Gehirn zu fordern und zu fördern?

Es käme also in einem umgekrempelten Bildungssystem zu unterschiedlichen Auffassungen, was sinnvoll und notwendig ist. Ich mache mal einen simplen Versuch, mich meinem Sinnvollen zu nähern. Was sollten erwachsene Menschen in unserem Land wissen und können? Deutsch und Englisch gehören mit Sicherheit dazu. Geschichte wohl auch, denn die kurz-, mittel- und langfristigen Auswirkungen auf das soziale und politische Leben sollte man sich immer wieder bewusst machen. Philosophie/Soziologie halte ich für wichtig. Das aus der Geschichte erlernte für unsere Zukunft zu verwerten, sollte jedem Bürger ein Anliegen sein. Den Klimawandel (inkl. der Grundlagen von Chemie, Biologie und Erdkunde) zu erkennen, zu verstehen und ihn zu verhindern lernen, ist ein Muss. Gesundheit und Ernährung (auch inkl. weiterer Grundlagen von Chemie und Biologie) sollten ebenso Pflicht sein wie Digitales. Schon in unserer jetzigen Zeit ist es eine wichtige Grundlage des täglichen Lebens, und zwar unabhängig davon, ob es den beruflichen oder den privaten Teil betrifft. Noch wichtiger bzw. elementarer wird dieses Fach in der Zukunft werden. Ob die Digitalisierung ausschließlich positive Seiten hat, und wenn nein, welche Gefahren lauern, muss unbedingt Thema sein. Um sein eigenes Leben finanziell vernünftig gestalten zu können, sind wirtschaftliche Grundkenntnisse (inkl. der Grundlagen von Mathematik) erforderlich. Andere Bereiche des täglichen Lebens, wie handwerkliche Grundlagen, physikalische Grundkenntnisse, Musik, Sport und Kunst (jeweils ohne feste praktische Verpflichtung, aber eindringlich und inspirierend angeboten), sollten ebenfalls Bestandteil sein. Auf freiwilliger Basis sollten dann ebenfalls noch weitere Fremdsprachen, Literatur und tiefer gehende Kenntnisse in den Naturwissenschaften angeboten werden. Intensivkurse in allen Fächern müssen möglich sein. Im Kindergarten sollten Deutsch- und Englischunterricht in eher spielerischer und bei Englisch freiwilliger Form angeboten werden. In der Grundschule sollte es nur folgende Pflichtfächer geben: Lesen, Schreiben, Rechnen, Englisch sowie Gesundheit/Ernährung. Noten sollten durch grundsätzlich erst mal wohlwollende Beurteilungen ersetzt werden und Versetzungen finden immer statt, es sei denn fehlende Sprachkenntnisse verhindern das Lernen, und ein zusätzlicher intensiver Deutschunterricht bleibt erfolglos. Auch hier sollten weitere Fächer auf freiwilliger Basis angeboten werden (Geschichte, PC-Grundkenntnisse, Musik, Sport und Kunst). Ab dem 5. Schuljahr sollte es keine verschiedenen Schulformen mehr geben, und alles kann, wie in der Grundschule, nur mit anderen oben bereits genannten Pflichtfächern (Deutsch und Englisch bis zu Intensivkursen) beibehalten werden. Versetzungen werden auch immer vorgenommen, es sei denn, die einfachsten Grundlagen in den Pflichtfächern wurden komplett verfehlt. Zwei unterschiedliche Schulabschlüsse könnte es geben: Nach dem 10. Schuljahr die mittlere Reife mit zwei abschließenden im Lehrerkollegium unter Berücksichtigung der letzten drei Jahre ermittelten Beurteilungen, einmal für Pflichtfächer und einmal für das freiwillig Hinzugelernte, und dann das Abitur nach dem 13. Schuljahr mit Beurteilungen wie bei der mittleren Reife. Ein eventuelles Studium sollte ohne „Numerus Clausus" möglich sein. Die Universitäten sollten selbst in der Lage sein, zu erkennen, wer zielführend studieren kann.

Besonders wichtig ist es, noch zu erwähnen, dass Bildung allen, also auch den Kindern und Jugendlichen aus finanziell schlecht gestellten Familien gleichermaßen ermöglicht werden muss. Die Anstrengungen sollten hierfür nach meinem Dafürhalten die höchsten sein. Allein mit BaföG o. Ä. ist es nicht zu lösen. Schon in der frühen Kindheit müssen Erzieher, Lehrer u. a. dafür Sorge tragen, dass Kids und Teenies mit bis dahin als bildungsfern zu bezeichnender Herkunft in eine „bildungsreiche" Zukunft mitgenommen werden. Ich wage zu behaupten, dass mein Vorschlag zum einen nicht zu einer Verblödung unseres Nachwuchses führen würde, und dass zum anderen nach zehn oder 13 Jahren sehr viele auf das Leben vorbereitete und in ihren Stärken geförderte Teenies auf die Welt losgelassen würden. Natürlich setzt das Ganze u. a. auch voraus, dass das Lehrpersonal umgeschult wird. Hieran könnte es schon scheitern, denn wie flexibel sind unsere für Bildung verantwortlichen Politiker und Verwaltungsangestellten aufgestellt? Der Vorschlag eines miserablen Schülers wird die „Bildungsträger" bestimmt noch weniger überzeugen als die sehr gut funktionierenden, ähnlich wie bei mir aufgestellten Schulsysteme in einigen nordischen Ländern. Bis es zu einer wirklich so zu nennenden Schul- bzw. Bildungsreform in Deutschland kommt, haben weitere für das einfache tägliche Leben wenig vorbereitete, ihrer Stärken teilweise sogar beraubte, zumindest aber nicht in diesen gestärkte, sowie von der Notengebung gestresste, teilweise überforderte und oft auch unmotivierte Zöglinge unsere Schulen verlassen. Ich wünsche allen Entscheidungsträgern Einsicht, Mut und den Glauben daran, dass mein Vorschlag ebenso für unsere Wirtschaft nicht zu einer Beeinträchtigung führen würde; im Gegenteil: Sich bereits in der Schulzeit herauskristallisierende, das Leben verstehende und mit Begeisterung beim jeweiligen Thema verweilende Koryphäen verschiedenster Fachrichtungen würden Wirtschaft, Kultur, Politik usw. gezielter und effektiver voranbringen. Meine schlichte Quintessenz könnte lauten: Gebt einem Simplicissimus wie mir die Verantwortung für Bildung. Ihr hörbarer Widerspruch ist angekommen. Also machen wir es zusammen. Wie wichtig ist Bildung? Wohl überaus, vielleicht sogar existenziell. Und damit meine ich nicht in allererster Linie die Bildung, die uns in den Wissenschaften immer wissender macht, sondern z. B. auch die Bildung, die uns zu verstehen hilft, wie sich Menschen in kleinen und großen Gruppen verhalten. Machen wir uns und unseren Kindern bewusst, dass wir nur gemeinsam gebildet (auch global betrachtet) in eine vernünftige Zukunft blicken können.

# Musik

Wie viel Intelligenz gehört dazu, festzustellen, Musik ist subjektiv, subjektiver, am subjektivsten? Mal abgesehen von der grammatikalischen Fehlleistung dürfte feststehen, dass Musik nicht wirklich abschließend zu bewerten ist. Verschiedene Menschen, verschiedene Musikgeschmäcker. Pop, Rock, Klassik, Schlager, Country, Jazz, Soul, Rap usw.; schon innerhalb dieser nur beispielhaft genannten Genres gibt es Überschneidungen, die ein absolutes Abgrenzen fast unmöglich machen. Ist ein Text, wenn er denn überhaupt vorliegt, von elementarer Bedeutung, beiläufig oder gar überflüssig? Ist die Aussage, die der Verfasser und/oder Interpret treffen wollte, für den Hörer interessant; muss er diese verstanden haben? Ist nicht auch die Stimmung, in der man sich befindet, von großer, wenn nicht sogar entscheidender Bedeutung? Auf einer wilden Party Klassik oder nachdenklich machende Balladen zu spielen, könnte zu einem abrupten Abbruch derselbigen führen. Bei einem ersten romantischen Dinner bei Kerzenschein AC/DC oder die Sex Pistols aus vollen Rohren abzuspielen, wird vielleicht zum Speise-Quickie, nicht aber zum Genießen des Mahles sowie zum anschließenden Kuscheln und Schmusen einladen. Aber wer weiß, die Geschmäcker sind ja unterschiedlich. Sehr vielen von Ihnen wird der Song „Suzanne" von Leonard Cohen ein Begriff sein. Der Text dieses von mir mal so genannten Meisterwerkes ist phantastisch. Ich behaupte es, obwohl mein Englisch grottenschlecht ist. Ich habe mir mal eine deutsche Übersetzung im Internet angeschaut. Habe ich verstanden, was Leonard Cohen ausdrücken wollte? Nein, bestimmt nicht in allen Facetten. Wahrscheinlich hat auch der Übersetzer nicht abschließend verstanden, was Cohen fühlte. Er wollte ein Erlebnis oder Ereignis mit einer Frau zu Papier und in unsere Ohren bringen. Warum er dies wollte, ist, so denke ich, nicht entscheidend. Ausschlaggebend ist, was jeder Einzelne von uns damit in der jeweiligen Stimmung anfängt. Melodie und Text nur im Wohlklang genießen, den Text von der Musik untermalen zu lassen, sich eigene Interpretationen, vielleicht aus eigenen Erfahrungen, auszudenken, oder einfach nur das Lied instrumental als Ohrenschmaus auf sich wirken zu lassen; völlig egal was wir in dem Augenblick denken oder fühlen, für sehr viele von uns war und ist der Augenblick angenehm.

Ich komme Ihnen jetzt mit einem weiteren Beispiel, um mich zum einen meiner simplen Quintessenz zu nähern, und Sie zum anderen zu schocken. Howard Carpendale, der Schlagerstar aus Südafrika, beglückte uns, na sagen wir Teile von uns, schon vor ewigen Zeiten mit dem Lied „Ti Amo". Ich werde den Text dieses Songs hier jetzt nicht nachschreiben, aber so viel darf ich denen, die mit dem Song nicht vertraut sind, verraten: Es gibt nicht viele unter uns, die diesen Text nicht auch hätten dichten können. Das soll kein Angriff auf den Songwriter sein; im Gegenteil, es ist aus meiner Sicht genial, dass noch heute tausende, wenn nicht sogar Millionen Menschen das musikalische Werk entweder auf Partys oder zu „Schmusezeiten" mitsingen. Okay, einige von Ihnen werden jetzt sagen, hier hört der gute Geschmack allerdings auf. Eine schlichte Melodie und ein einfältiger Text, das kann man nicht als gut bezeichnen. Ich sage doch! Das Lied hat wahnsinnig viele Zuhörer erreicht und bewegt. Was will Musik? Will sie nicht nur Menschen erreichen und mitnehmen? Schlager generell als einfältig, Hardrock generell als zu laut, Country generell als konservativ, Rap generell als beleidigend, Klassik generell als „von gestern" oder z. B. auch Pop als ausschließlich medienkonform und seelenlos kommerziell zu bezeichnen, zeugt nur von Vorurteilen. Der Spruch „Jeder wie er mag" trifft hier des Pudels Kern. Ich kann für mich generell sagen, in meinen Ohren herrscht eine große Toleranz. Seien Sie ebenfalls aufgeschlossen und verurteilen Sie eine Musikgattung nicht, bevor Sie es nicht abschließend ausprobiert haben. Wo wir gerade bei Schlager waren: Erstaunlich ist, dass es in unseren Gefilden Musiker gibt, die sich lauthals über dieses Genre lustig machen, die jedoch im Grunde selbst nichts anderes erschaffen und vortragen; vermeintliche Rocker oder Poeten, die seit vielen Jahren nix anderes als schlichte Melodien mit zumindest schlagerähnlichen Texten fabrizieren. Ich werde hier keine Namen nennen, aber ich denke, auch Ihnen fallen ein paar ein. In unserer heutigen Zeit spielt die Show um die Musik herum eine wesentliche Rolle. Ich kann für mich behaupten, dass mir eine karge Bühnenshow mit wirkungsvoller Musik lieber ist als hohle Mucke in einer spektakulären Präsentation. Als positives Beispiel führe ich hier das geniale Konzert von Simon & Garfunkel im Central Park von New York im Jahr 1981 an.

Steht Musik über Moral? Diese Frage taucht immer mal wieder auf, wenn z. B. im Radio Musikstücke von überführten oder nur in Verdacht stehenden, künstlerisch wirkenden Tätern gespielt werden. Darf, soll, kann, muss man das in die Ohren gehende über das an unser Moralverständnis appellierende Gewissen stellen? Schlicht, aber nicht ergreifend: Ja, man darf, aber man muss nicht. Das, was Delinquenten musikalisch-künstlerisch kreiert haben und auch noch werden, wird nicht dadurch, dass aus den gleichen Personen Böses hervorkam oder noch hervorkommen wird, ebenso niederträchtig. Moral steht zwar über Musik, doch Musik darf gleichzeitig für sich betrachtet werden. Vielleicht wird sie so zu einem Mosaikstein der Moral.

Welche Macht hat Musik? Groß und mächtig, schicksalsträchtig, so beschrieb z. B. Wolfgang Ambros musikalisch den Watzmann. Für alle jetzt gerade geographisch Suchenden: Der Watzmann ist ein Berg in den Berchtesgadener Alpen, also in Deutschland. Ein Berg so groß und mächtig wie die Musik samt Text über diesen Auswuchs der Natur. Musik hat Macht. Sie beschreibt Gegenstände, Gefühle, Tatsachen, Utopien, Anschauungen, Unbewusstes, Gefährliches, Harmonisches, Belangloses oder sehr oft die Liebe. Durch Töne und Worte erreicht sie Menschen, manchmal auch andere Lebewesen. Sie kann Menschen beeinflussen und verändern. Musik aus den Händen verantwortungsvoller Künstler kann einen vernünftigen Weg vorzeichnen. Hätten also auch Künstler die Macht, den Lauf der Welt zu beeinflussen? Es dürfte eine Vielzahl von Kunstschaffenden auf der Erde geben, deren Vernunft, die aus ihren Liedern spricht, ausreicht, um einen klugen Weg aufzuzeigen. Ich habe da mal eine Fantasie, mit der ich den angesprochenen Musikern keinen Egoismus vorhalten möchte, die eben nur eine Illusion ist: Warum tun sich nicht all die Musikschaffenden mit z. B. Philosophen, Literaten und anderen Denkern zusammen, um zu versuchen, zumindest ansatzweise in die Köpfe der Menschen zu gelangen? Ein Text in einem Song kann schon wirken, ein abgestimmter Chor Gleichgesinnter mit einer Abfolge von zig Aufbruchstimmung erzeugenden Liedern über einen lange andauernden Zeitraum hätte viel mehr Einfluss. Liebe Denker und Künstler: Ändert es und versucht, einen Konsens zu finden. Ein paar gemeinsame Lieder einzelner Zusammenschlüsse zu Gunsten karitativer Zwecke reichen nicht. Angesprochen sein könnte hier auch Bruce Springsteen, den mein jüngerer Sohn (ein absoluter Musikfreak bzw. -kenner) und ich wegen seiner unkomplizierten, aber sehr sozialen und nachdenklich stimmenden Texte, seiner eingängigen und unverwechselbaren Stimme, seiner Gabe, Melancholie perfekt transportieren zu können, seiner gewaltigen und dennoch schlichten Bühnenpräsenz, seiner immer gegen Ungerechtigkeiten aufbegehrenden Haltung und seiner skandalfreien Biographie sehr schätzen. So wie ich vom mir leiblich nachfolgenden Fußballspezialisten viel über seine Sicht auf das Spiel mit einem runden Leder und 44 Beinen vermittelt bekomme, erhalte ich vom Musikspezi völlig neue Sichtweisen auf die Entwicklung der Tonkunst. Darüber hinaus lerne ich in den vielen Zweier- und Dreier-Gesprächen noch eine Menge mehr von meinen Jungs. Hoffentlich hört es nie auf.

# Film

Sind Filme genauso subjektiv zu betrachten wie Musik? Nicht ganz, würde ich sagen. Filme setzen wegen ihrer visuellen Wahrnehmung zusätzliche Synapsen im Gehirn frei. Erregung entsteht vorwiegend dadurch, dass wir zusätzlich zur Filmmusik und zur Sprache der Protagonisten optisch teils beschaulich harmlose, teils subjektiv schöne, teils spannende, teils widerliche oder teils heftige sexuell anreizende Effekte geliefert bekommen. In der Musik können anwidernde Texte auch zu einer verständlichen Ablehnung führen. Filme haben diesbezüglich noch viel mehr Macht. Es ist eben nicht nur die Sprache, die verletzend und ekelerregend sein kann. Wahrscheinlich haben Bilder viel mehr Ausdrucksstärke. In der Kombination von Ton und Optik liegt dann wohl die ungeheure Wucht, die entstehen kann, wenn wir als Cineasten manchmal bis an unsere Grenzen oder darüber hinaus „belastet" werden. Warum setzen wir uns dem ungezwungen und in der Regel genüsslich aus? Warum sind Horror- und Kriegsfilme sowie Dramen mit teils erschütternden Biographien für uns reizvoll? Ich habe ehrlich gesagt keine Ahnung. Es wird bestimmt psychologische Erklärungen geben. Ich werde es trotzdem nie verstehen, wie man grausame Bilder „genießen" kann. Ich bin überzeugt, dass unser Unterbewusstsein dadurch mindestens stark beeinflusst, wenn nicht geschädigt wird. Natürlich gehört zu einem Film, der manchmal ja auch noch für sich in Anspruch nimmt, einigermaßen realistisch das Leben darzustellen, dass Trauer, Gewalt und sonstige Abgründe eine Rolle spielen. Aber warum müssen diese eh schon aufwühlenden Regungen so ausufernd, heftig und tabulos dargestellt werden, dass das eigentlich angesprochene menschliche Gefühl durch komplett überzogene und nur noch belastend visuelle Erregung überlagert wird? Machen wir uns klar, dass das Leben viele negative Facetten liefert, aber machen wir uns ebenso klar, dass wir durch das Schauen von Filmen, die diese Facetten ausschlachten, unser Unbewusstes unnötigerweise in eine falsche, exzessive Richtung lenken. Die Grausamkeiten des Lebens kann man wahrnehmen, ohne dabei niedrigste Instinkte zu befriedigen. So, jetzt werden Sie mich alle für ein Weichei halten, das nicht in der Lage ist, sich Gewalt verherrlichende bzw. Gewalt hemmungslos darstellende Filme anzusehen. Ja, das stimmt. Ich bin wohl zart besaitet, jedoch sehr froh, einfach gestrickt zu sein.

Wann ist ein Film gut? Hier sind wir dann, abgesehen von obig angeführten Auswüchsen, wieder im Bereich der Subjektivität. Wie bei der Musik sollte ein Film unterhaltsam sein. Darüber hinaus wäre es schön, wenn er lehrreich, zumindest denkanregend, besinnlich, spannend und/oder belustigend ist. Ich kann es mir nicht verkneifen, Ihnen einen Film, der vier Kriterien (lehrreich, denkanregend, besinnlich und unterhaltsam) erfüllt, ans Herz zu legen: „Aus der Mitte entspringt ein Fluss" von Robert Redford nach einem Roman von Norman Maclean. Ich habe diesen Film bereits unzählige Male gesehen. Er nimmt mich immer wieder mit in eine mir eigentlich völlig unbekannte, mittlerweile aber zumindest nachvollziehbare und von überwältigender Natur geprägte Welt. Der letzte Satz der deutschen Synchronisation lautet: „Ich kann mich dem Wasser nicht entziehen." Wie vielsagend und richtig. So simpel kann Film gehen; zumindest für mich.

## Steuern

Sorry, aber es muss sein. Ich habe mich schon zu lange beruflich mit dieser Materie befasst, als dass ich dieses Thema auslassen könnte. In einem Universum, in dem bedrucktes Papier eine derart wichtige Rolle einnimmt, und in dem sich kapitalistische Auswüchse normalisieren, werden Steuern in ihrer heutigen Form immer eine große Rolle einnehmen. Wofür Steuern gezahlt werden sollten, ist uns allen klar, wofür sie dann schlussendlich verwandt werden, schon nicht mehr so. Wie Steuern festgesetzt werden, darüber könnte ich mich jetzt richtig auslassen. Ihr Interesse daran dürfte allerdings sehr gering sein. Also nur diese eine Frage an Sie: Warum ist speziell in Deutschland das Steuersystem derart kompliziert? Liegt es an den Politikern, Wirtschaftsfreaks und Lobbyisten oder in der Natur der Sache? Sie antworten nicht. Also gebe ich meine schlichte Wahrheit zum Besten: Der Grund liegt bei uns. Irgendwann haben Politiker etc. eine noch relativ simple und überschaubare Struktur entwickelt. In diesem System sollte jeder zu seinem Recht kommen und fair behandelt werden. Im Laufe der Jahrzehnte haben jedoch unzählige Bürger versucht, ein bisschen mehr Recht für sich, ihre Berufssparte, ihre Wohngegend, ihre Familie, ihre Arbeit, ihre Hobbys, ihre Statussymbole usw. herauszuholen. Dann kamen Wirtschaftsfreaks und Lobbyisten ins Spiel und schon hatte der Gesetzgeber, ehe er sich versah, ein Steuersammelsurium beisammen, das seinesgleichen sucht. Natürlich trägt auch die Politik selbst daran Schuld, aber immer versuchen zu müssen, allen, die mit Macht gegensteuern, gerecht zu werden, ist halt schwer; und die Gefahr, sich zu verzetteln, ist groß. Auch wenn es mir kaum jemand glauben mag, im Großen und Ganzen ist unser Steueraufbau noch immer einigermaßen nachvollziehbar. Mit logischem Denken sind zumindest noch große Teile dieses

Ordnungsprinzips erklärbar. Es ist allerdings sehr aufwendig, den Überblick zu behalten.

Wie bekommen wir es wieder leicht überschaubar hin? Reicht es, sich bewusst zu machen, dass wir mitschuldig sind, oder ist es nur Aufgabe der Politik, ein simpleres System zu entwerfen? Ich denke, ohne unsere Einsicht und Mithilfe wird es für den Gesetzgeber schwer bis unmöglich, eine gerechte Vereinfachung hinzubekommen. Es wird immer wieder Menschen geben, die sich dann benachteiligt fühlen könnten. Eine weitere Klagewelle bei den Gerichten dürfte die Folge sein; als wäre die Justiz in den letzten Jahrzehnten diesbezüglich nicht schon genug beansprucht worden. Aber kann oder darf man Bürgern verbieten, vor Gericht zu ziehen, um ein vermeintliches Recht einzuklagen? Schlicht betrachtet kann die Lösung nur so aussehen: Wir alle müssen auch hier runterkommen, gemeinnützig denken sowie Verzicht lernen, und die Politik muss es wagen, einen radikalen Schnitt zu vollziehen. Da ich bis heute und zukünftig wohl auch noch ein paar Jahre mehr im weiteren Sinne steuerberatend, aber nicht als Steuerberater (zu diesem Titel hat es nicht gereicht) tätig bin bzw. sein werde, wäre eine Steuervereinfachung für mich rein finanziell betrachtet nicht gut. Doch ich würde einer solchen Politik zumindest nicht entgegentreten. In diesem Sinne auf die mögliche Simplizität der Steuern.

# Urlaub

Es dürfte klar sein, dass die Antwort auf die Frage, wie man wo Urlaub machen sollte, je nach persönlicher Struktur des Befragten sehr unterschiedlich ausfällt. Ist das Ziel ausnahmslos Erholung oder vornehmlich der Wunsch nach neuen Erlebnissen, vielleicht auch die Mischung aus beiden? Welches Budget steht zur Verfügung? Soll der Urlaub mindestens den Lebensstandard von zu Hause bieten, soll er gar dekadent verlebt werden oder spielt Geld eine nur untergeordnete Rolle, weil es ein einfaches Erlebnis werden soll? Mit dem eigenen Auto, mit dem Flieger, einem Ozeanriesen, mit dem Fahrrad, der Bahn oder zu Fuß; es gibt viele Möglichkeiten, sich zum Urlaubsort oder den -orten zu bewegen bzw. transportieren zu lassen. Spielt der Klimawandel bei den Überlegungen eine Rolle oder ist es egal, von Düsseldorf nach Genua zu fliegen, und dann ein Kreuzfahrtschiff zu besteigen, welches in jeder Hinsicht Überfluss, Energieverschwendung und $CO_2$-Ausstoß „bietet"? Okay, das hatten wir schon. Festzuhalten bleibt, es gibt eine Menge Faktoren, die den Urlaub schon vorab beeinflussen. Dazu kommen die Umstände, die sich unvorhergesehenerweise im Urlaub ergeben können; individuelle (Krankheit o. ä.) und andere, die, wie z. B. Corona, erhebliche Auswirkungen (bis zur Absage!) haben.

Ich könnte auch hier, um zu einer schlichten Antwort zu kommen, anführen: „Jeder wie er mag und kann!" Aber es gibt meines Erachtens noch eine andere Möglichkeit, sich simpel vom Thema „Holiday" zu verabschieden. Urlaub meint im ursprünglichen Sinn arbeits- bzw. dienstfreie Zeit/Erholung; also es geht um Entspannung außerhalb des Jobs. Wer Erholung wirklich nötig hat, und das dürfte bei der großen Mehrheit der deutschen Bevölkerung so sein, wird versuchen, den Kopf frei zu bekommen. Urlaub sollte tatsächlich dafür genutzt werden. In unserer heutigen, (noch) nicht entschleunigten, also definitiv stressigen (Arbeits-)Welt sind Atempause und Regeneration für Kopf und Körper unverzichtbar. Wie auch immer der Urlaub geplant und verbracht wird, am Ende sollte Kraft getankt worden sein. Das ist die schlichte Quintessenz, zumindest zur Frage: „Wie verbringe ich meinen Urlaub?" Im Hinterkopf sollten wir zudem immer die Tatsache haben, dass es Weltbürger gibt, die sich überhaupt keine Gedanken über Urlaub machen können, weil sie entweder wirtschaftlich dazu nicht in der Lage sind, und/oder weil sie gar keinen Grund, also z. B. keine Arbeit, haben. Ich werde jetzt stolz verkünden, mir aus klimapolitischen Gründen vorgenommen zu haben, nicht mehr zu fliegen. Ich denke sogar, es schaffen zu können. Ehrlicherweise muss ich aber konstatieren, dass ich selten Fernweh über den deutschsprachigen Raum hinaus empfinde, und dass ich obendrein Flugangst habe. Ist meine diesbezüglich gute Klimabilanz jetzt nicht mehr das wert, was ich mir in der Wirkung nach außen erhofft habe? Egal; Fakt ist, dass an mir (weiterhin) keine Fluggesellschaft (mehr) viel Geld verdienen wird.

## Wissenschaft

So, jetzt wage ich mich an ein Thema, von dem ich noch weniger Ahnung habe, als Sie es bei allem, was ich bisher schon in relativer Unkenntnis angegangen bin, vermuten könnten. Gar keine Ahnung würde es treffen. Und dennoch habe ich auch hierzu eine Meinung; zwar wieder mal schlicht, aber für mich nicht minder wahr. Würde niemand auf dieser Erde weiter forschen, was wäre die Konsequenz? Stillstand, also z. B. kein Besiegen des Krebses, kein weiteres Erforschen des Weltalls, keine Impfstoffe gegen Viren, kein noch tieferer Einblick in unseren Körper oder unsere Seele, keine immer intelligentere künstliche Intelligenz, kein intensiveres Suchen nach natürlichen und erneuerbaren Energiequellen? Wozu würde dieser Stillstand führen? Zum einen zu keinen neuen durch das „Immer intensiver, immer besser" notwendig gewordenen Regeln, zum anderen aber auch zu vielen weiteren Krebstoten, zu keinem wissenderen Blick ins Weltall, zum „Dahinraffen" der Menschheit an Epidemien, zum ausgereizten Verstehen unseres Innenlebens, zum Verzicht auf weiteren Ersatz für den Erdbewohner durch künstliche Intelligenz, zum Stillstand bei der Reduzierung des CO2-Ausstoßes. Alles nur Beispiele, und jedes einzelne ruft eine unterschiedliche Reaktion hervor; bei dem einen so, bei dem anderen anders. Stellen wir uns also vor, dass gerade Genannte und noch viel mehr würde passieren bzw., besser gesagt, nicht geschehen. Könnten wir damit im wahrsten Sinne leben? Wäre z. B. der Verzicht darauf, den Krebs besiegen zu wollen, eine Totalkapitulation gegenüber unserem Überlebenswillen? Wäre ich krebskrank, wäre meine Antwort klar. Ebenso verhält es sich bei der Frage, ob wir weiter nach Mitteln zur Verhinderung des Klimawandels suchen sollten. Aber sollten wir nicht zugleich bedenken, was die Wissenschaft mit ihren sicherlich auch vorhandenen Auswüchsen und Kapriolen dazu beigetragen hat, dass wir eben genau solche Fragen wie zum Klimawandel, zur künstlichen Intelligenz, zum unbekannten Weltall oder zu Epidemien stellen? Wir werden Wissenschaft niemals aufhalten können, doch für mich ist entscheidend, absehen zu können, welche Errungenschaften uns auf Dauer nachhaltig nützen und welche uns irgendwann auf die Füße fallen, und da will ich gar nicht von Weltraumschrott reden. Passen wir also auf bei der Überprüfung, was Wissenschaft leisten kann, und was sie vor allem leisten soll und darf. Nicht jede Weiterentwicklung bringt uns sinnvoll voran, und nicht jede neue Erfindung macht uns reicher und glücklicher.

# Corona

Wie gerne hätte ich dieses Thema ausgelassen. Erstens hat uns Corona aber nun mal erwischt, und zweitens ist der aktuelle Bezug zu frappierend. Wie in der Einleitung bereits geschrieben, fühle ich mich in vielem, was dieses Buch hergibt, durch die Auswirkungen der Pandemie bestätigt. Worin genau werde ich jetzt nicht im Einzelnen anführen. Machen Sie sich diesbezüglich bitte ein eigenes Bild. Anmerken möchte ich folgendes: Die Abwägung zwischen unserer persönlichen Freiheit und dem von staatlicher Seite verordneten gesundheitlichen Schutz der Bürger ist sehr schwer. Ich bin jetzt im Januar 2021 soweit, zu sagen, es war nicht perfekt, aber akzeptabel, wie uns die Regierung bisher mit allen notwendigen Einschränkungen durch die Pandemie geführt hat. Selbstverständlich gibt es nicht erst jetzt Stimmen, die diese unangenehmen Auflagen als zu hart empfunden haben, und noch immer als zu hart einschätzen. Diese Stimmen werden, und dafür muss man kein Prophet sein, noch lauter werden. Welche Möglichkeiten hatte der Staat? Hätte er es drauf ankommen lassen sollen und es schlimmstenfalls in Kauf nehmen müssen, dass unser Gesundheitssystem genau wie viele andere in dieser Welt kollabiert? Meine Meinung hierzu ist eindeutig: Die Gesundheit insbesondere aller besonders gefährdeten Mitmenschen musste vorrangig geschützt werden und muss auch noch weiter geschützt werden. Dass es u. a. durch den Lockdown für viele Geschäftsleute und Arbeitnehmer zu finanziellen Engpässen und mehr gekommen ist, und dass diese Schwierigkeiten noch lange andauern bzw. nachhallen werden, ist mehr als bedauerlich. Genauso wie die Tatsache, dass durch Corona bedingte psychische Erkrankungen auch zu Todesfällen oder zu lange anhaltenden Beschwerden geführt haben und noch führen werden. Trotzdem waren die Einschränkungen unumgänglich, zumindest dann, wenn man tausende Menschenleben, die auf Intensivstationen von u. a. Atemgeräten und geschultem Personal abhängig waren und noch sind, über wirtschaftliche Interessen stellt. Wie können Bund, Länder und Kommunen dafür Sorge tragen, dass möglichst viel finanzieller Schaden aufgefangen wird? Ich habe darauf keine abschließende Antwort, aber was ich sehe, ist, dass von Seiten der Verantwortungsträger eine Menge angeschoben und zugleich schon umgesetzt wurde. Ob diese Unterstützung auch nachhaltig wirkt, ist zurzeit genauso wenig abschließend zu beurteilen, wie die Frage nach den globalen sozialen und politischen Auswirkungen; dazu später mehr. Viele haben kein Verständnis dafür gezeigt, dass u. a. Bund und Länder nicht immer einheitlich gesprochen haben. Diese Kritik ist für mich nicht schlüssig. Föderalismus ist ein wichtiger Stützpfeiler unserer politischen Struktur. Dass es in diesem Aufteilen von Verantwortlichkeiten zu unterschiedlichen Auffassungen und Handlungen kommt, halte ich für nachvollziehbar, logisch und noch nicht einmal kritikwürdig. Bestenfalls könnte es eine Diskussionsgrundlage sein. Wir leben in einem Staat mit sehr vielen Menschen unterschiedlichster Erziehung, Wünschen und Zielen. Die Bewohner dieses Schlaraffenlandes haben divergierende Auffassungen darüber, was z. B. systemrelevant ist. Das alles einheitlich mit einer Zunge sprechend unter einen Hut zu bringen, ist meines Erachtens, vorsichtig ausgedrückt, äußerst anspruchsvoll. Ebenso von mir als elementar einzustufend ist und bleibt die oben bereits erwähnte Abwägung zur Einschränkung der persönlichen Freiheit. Kann man sagen, und so habe ich es ja gerade sinngemäß geschrieben, dass auch die Lockdowns, so wie sie stattgefunden haben, alternativlos waren? Meinen vorherigen Ausführungen folgend sage ich ja. Aber genauso alternativlos ist es, die Eingrenzung der persönlichen Freiheit fortwährend zu überprüfen. So ist es nun mal. Wir können nicht in einer extremen Krisensituation erwarten, dass wir alles reibungslos hinbekommen.

Kommen wir nun zu den sozialen und weltpolitischen Auswirkungen, zu denen meines Erachtens momentan nur Vermutungen angestellt werden können. Ich werde Sie trotzdem mit meiner schlichten Prognose behelligen. Das von mir bisher zur Politik, zur Wirtschaft und zur sozialen Frage Verfasste, zielte immer darauf ab, dass möglichst groß und bestenfalls nullkommanull nationalistisch gedacht werden sollte, um die großen Probleme in den Griff zu bekommen. Corona hat uns doch schon jetzt vor Augen geführt, wie unser Kosmos tatsächlich tickt. Meine Befürchtung ist, dass Staaten als Lehre aus dieser Pandemie mit Sätzen wie „Wir haben es allein geschafft", „Auf die Hilfe der anderen zu hoffen, war vergeudete Zeit", „Wir mussten erst mal nur auf uns schauen" und „Verlass Dich nie auf andere" Propaganda für den falschen Weg betreiben werden. Ja, Corona hat uns, also der ganzen Welt, einen Spiegel vorgehalten. Jetzt gibt es zwei Möglichkeiten: Entweder wir laufen weiter in die Irre oder wir besinnen uns und nutzen diese Situation zur Umkehr. Zum Beispiel stellt sich im Hinblick auf den wirtschaftlichen Wiederaufbau, den ich vorhin in Bezug auf Deutschland noch lobend erwähnte, eine existenzielle Frage: Sind die Bekämpfung des Klimawandels und die gerechte Verteilung unserer verbleibenden Ressourcen nicht noch weitaus wichtiger als die Bekämpfung der Corona-Pandemie? Bei allem, was jetzt passiert, ist es z.B. absolut notwendig, die finanziellen Hilfen vom Nutzen für die beiden von mir gerade als am wichtigsten beschriebenen Aufgaben abhängig zu machen. Passiert, so wie schon jetzt etwa von einigen Politikern gefordert, genau das Gegenteil, nämlich eine andauernde und noch schlimmere Relativierung des Klimawandels, verpassen wir vielleicht unsere letzte Chance, durch ein von Menschen gemachtes Naturereignis auf noch relativ harmlose (sorry, eigentlich ein falsches Wort, aber mir fällt kein besseres ein) Art und Weise zur Besinnung gebracht zu werden. Alle zukünftigen von der Natur für uns oder besser gesagt für die uns folgenden Generationen vorgesehenen Ereignisse werden uns, nein, vielleicht doch erst unsere Kinder und Kindeskinder, früher oder später umhauen. Ebenso sollten wir uns gerade jetzt nochmal vor Augen führen, wie wichtig Hilfe untereinander, und zwar nicht nur im Familien-, Freundes- und Bekanntenkreis, wirklich ist. Natürlich hat Deutschland einmal mehr bewiesen, wie gut es im Inneren aufgestellt ist; aber das wird nicht reichen. Schön, dass es uns gutgeht; doch sollten wir nicht auch auf Länder wie Brasilien, Peru, Sudan, Ghana oder europäische Staaten wie Italien und Spanien blicken? Schauen wir ebenso auf die USA und deren Umgang mit Corona. Versuchen wir trotz der Nachteile, die die Globalisierung (eigentlich auch für sich ein schönes Thema) mit sich bringt, groß zu denken und zu helfen. Meine Befürchtung ist, dass die politischen Auswirkungen die finanziellen um ein Vielfaches übersteigen werden. Passen wir auf, dass wir Staatsführern zukünftig nicht weiter erlauben, uns hinters Licht zu führen. Aufklärung bis in den letzten Zipfel dieser Erde ist dafür notwendig. Diese Aufklärung im Sinne einer moralischen Welt kann nur friedlich erfolgen. Zumindest muss der Wille dazu vorhanden sein. Dieser Weg ist strapaziös und wohl langwierig, aber wir können es schaffen. Ich habe letztens in einer Tageszeitung zum Thema Corona von dem Literaten Wilhelm Schmid etwas über Sinn und Glück gelesen. Es war für mich sehr treffend. Wonach suchen wir? Nach Glück, oder sollten wir vielleicht lieber nach dem Sinn unseres Lebens fahnden? Ich habe mir dann gedacht, Glück ergibt sich oder auch nicht, den Sinn des Lebens zu finden, erfordert kein Glück, es erfordert vielmehr innere Einkehr. Vielleicht führt diese Einkehr dann zu klugem Handeln und gelegentlich sogar zu Glück. Ebenso zu diesem Komplex habe ich für mich wenig schmeichelhafte Anmerkungen: Erstens habe ich nicht immer alles befolgt, was vorgegeben war, und zweitens habe ich zu viel darüber nachgedacht, wann ich wieder in die „Gastroszene" eintauchen kann, und wann ich wieder größere gesellige, alkoholgetränkte, z. B. auch im privaten Bereich stattfindende Veranstaltungen besuchen kann. Ich hätte meine Gedanken besser den Verstorbenen widmen sollen. Dazu kommt noch Folgendes: Ich habe unverschämtes Glück, auf dem Land in großzügigen Wohnverhältnissen leben zu dürfen. Dass ich bezüglich der vom Staat verordneten Einschränkungen, die mich bisher auch beruflich nicht getroffen haben, leichtes Reden habe, ist mir klar. In z. B. einer vierköpfigen Familie auf 60 m² (Mehrfamilienhaus, Großstadtmitte) zu wohnen, verlangt den Betroffenen irre viel ab. Ich denke zwar oft darüber nach, aber wie sieht mein Beitrag zur Verbesserung der Gesamtsituation oder meine Hilfe für einzelne tatsächlich Geschädigte aus?

## Ein mögliches Fazit

Ja, man kann mich zumindest in meiner Denkweise dem „linksgrün-versifften Milieu" zurechnen; und ja, ich bin vielleicht auch ein Phantast, ein gefühlter Weltverbesserer, ein Inszenator, ein Küchenpsychologe und ein Möchtegern-Moralapostel. Zu meinen Themen sind ebenfalls eher konservative oder gar rechte „Vereinfachungsextreme" denkbar. Sie werden auch Ansichten zu völlig anderen, also von Ihnen ausgewählten Sachverhalten, haben. All unsere schlichten Gedanken in eine große moralisch integre Wahrheit münden zu lassen, wäre dann die ganz große Kunst und würde uns ein großes Stück weiterbringen. Verschwörungstheoretiker und nationalistisch denkende Mitbürger nehmen für sich ebenso in Anspruch, simple Antworten und Wahrheiten parat zu haben. Ich hoffe, ein Konsens ist noch möglich. Auf Schlichtheit habe ich weder ein Patent angemeldet, noch behaupte ich, sie gepachtet zu haben. Hierzu noch ein winziges Detail, welches Ihnen Aufschluss über die Entstehung dieses Machwerkes geben kann: Ich habe mit Ausnahme von Asterix und Donald Duck Heften sowie der Autobiographie vom Liedermacher Hannes Wader, die ich Ihnen wärmstens empfehlen kann, noch kein Buch zu Ende gelesen. Angefangen habe ich auch nur sehr wenige. Und so einer wie ich maßt sich an, eines zu schreiben. Verrückt, oder?

Bei dem, was ich in meinem Leben schon versemmelt habe, muss ich mit Fug und Recht behaupten, meine simplen Wahrheiten habe ich, wie in der Einleitung bereits geschrieben, zu selten gelebt. Und dabei habe ich in diesem Buch noch nicht mal ansatzweise jede meiner, sagen wir mal, Undiszipliniertheiten eingestanden. Was soll ich jetzt machen? In Schutt und Asche gehen, beichten, büßen, selbst kasteien? Ja, wahrscheinlich sollte ich all das tun. Aber ich darf auch für mich in Anspruch nehmen, schon immer nach Lebensweisheiten gesucht und sie nach meiner Fasson gefunden zu haben. Diese habe ich weitergegeben, und vielleicht haben sie schon zumindest im Kleinen, eventuell sogar bei meiner eigenen Person, etwas bewegt. Eine Lebensklugheit, an die ich glaube, lautet: „Nur Angst treibt uns dazu, falsch oder böse zu handeln." Mein größter Erfolg wäre es, wenn wir unsere Ängste überwinden könnten, und gemeinsam anfangen würden, über schlichte Wahrheiten zu diskutieren. Zur Umsetzung in unserem alltäglichen Leben müssen uns dann wirklich kluge Köpfe, die Detailwissen haben, „helfen". Und zugegebenermaßen ist diese Umsetzung eine gigantische Aufgabe. Aber wie sollen wir etwas umsetzen, was noch gar nicht fest in unseren Köpfen verankert ist? Es muss erst mal rein in unsere Denkapparate. Lassen Sie uns gemeinsam die schlichte, erkennbare und moralisch nicht zu verleugnende Wahrheit zur Selbstverständlichkeit in unserem Leben machen. Das Leben ist einfach zu schön, um es dem Zufall oder den anderen zu überlassen.

Habe ich schon erwähnt, wie dankbar ich für die Tatsache bin, in einer überaus privilegierten Generation und in einem vom Wohlstand geküssten Teil der Erde leben zu dürfen? Ich kann es nicht oft genug zum Ausdruck bringen. Viele werden mir vorwerfen, dass ich z. B. in meiner Kapitalismuskritik ein undankbarer, verwöhnter Schnösel bin, der glaubt, sich durch Selbstironie unangreifbar machen zu können. Da ist was Wahres dran. Aber etwas über Dekaden genossen zu haben, und noch immer zu genießen, ändert nichts daran, erkennen zu können, dass eine Zeit angebrochen ist, in der viele Dinge umgestaltet werden müssen. Haben nicht schon die alten Römer oder Griechen gedacht, sie hätten den Stein der Weisen abschließend gefunden? Haben diese Völker nicht damals geglaubt, im Zenit des moralisch integren Zusammenseins zu leben? Und glauben nicht heute viele von uns, in Deutschland endgültig das perfekte Lebensbild erschaffen zu haben? Ich glaube, wir irren genauso wie Griechen und Römer. Wir alle sollten Fehler eingestehen und nicht stur in unserer Sicht auf das eigene wohlbehütete Leben verharren. Ich werde künftig mehr darauf achten, meinen Auffassungen auch Taten folgen zu lassen. Bei den von mir angeprangerten und unbedingt zu ändernden Fehlentwicklungen bin ich schlussendlich davon überzeugt, dass wir genügend Kräfte in uns tragen, um das Gute zu bewahren und das Schlechte umzudrehen. Es bleibt ganz Ihnen überlassen, was Ihnen maßlos sinnig oder einfach nur sinnlos mäßig erscheint. Eingangs hatte ich gefragt, was Moral ist, und warum ich mich darüber auslassen darf. Ich hatte dann auch geschrieben, dass Sie die Antworten darauf während des Lesens bekommen werden. Nun weiß ich nicht, ob dem so ist bzw. war. Wenn ja, dann freut es mich. Wenn nein, einen Versuch war es mir wert. Ich wusste immer, wie diese Welt sich dreht, ich habe alles gesehen und verstanden. Wie froh ich doch wäre, wenn es so wäre.

# Der Autor

Der 1963 in Bocholt geborene Autor Markus Brauwers ist ein in jeder Hinsicht absoluter Neuling. Er hat nicht nur ein Erstlingswerk verfasst, er hat auch eine bescheidene Leseerfahrung; Tageszeitungen bilden die Ausnahme. Hauptberuflich ist er selbständiger Kaufmann. Seine Freizeitgestaltung besteht aus Aktivitäten in der Natur und dem geselligen Beisammensein mit Freunden, vor allem aber mit seinen beiden erwachsenen Söhnen. Seine ausgeprägte Diskutierfreudigkeit mündet oftmals im „Hobby-Philosophieren" und nunmehr auch in einem Buch, dessen Inhalt er ausschließlich als Anregung, nicht aber als Belehrung versteht. Auf eine Offenheit gegenüber fast allen Andersdenkenden legt er großen Wert. Zusammen mit seiner Partnerin, einer Tierärztin, den gemeinsamen Hunden und Pferden genießt der Autor sein Leben in der Natur.

**novum** VERLAG FÜR NEUAUTOREN

# Der Verlag

„Wer aufhört
besser zu werden,
hat aufgehört
gut zu sein!

Basierend auf diesem Motto ist es dem novum Verlag ein Anliegen neue Manuskripte aufzuspüren, zu veröffentlichen und deren Autoren langfristig zu fördern. Mittlerweile gilt der 1997 gegründete und mehrfach prämierte Verlag als Spezialist für Neuautoren in Deutschland, Österreich und der Schweiz.

**Für jedes neue Manuskript wird innerhalb weniger Wochen eine kostenfreie, unverbindliche Lektorats-Prüfung erstellt.**

Weitere Informationen zum Verlag und seinen Büchern finden Sie im Internet unter:

w w w . n o v u m v e r l a g . c o m